Inhalt

Vorwort.. 5
Das Bitcoin-Protokoll Vertiefung... 7
    Überprüfung der kryptographischen Sicherheit................... 7
    Verstehen des Konsensalgorithmus..................................... 10
Entschlüsselung der Blockchain... 13
    Advanced Blockchain-Analyse.. 13
    Smart Contracts und Bitcoin... 16
Bitcoin-Mining im Detail.. 21
    Optimierung des Mining-Prozesses.................................... 21
    Zukunft des Bitcoin-Minings... 24
Bitcoin und Quantencomputer... 29
    Die Auswirkung von Quantencomputern auf Bitcoin........ 29
    Vorhersagen für die Zukunft.. 32
Bitcoin Lightning Netzwerk.. 35
    Funktion und Anwendung des Lightning Netzwerks......... 35
    Möglichkeiten und Risiken des Lightning Netzwerks........ 39
Datenschutz und Bitcoin... 42
    Anonymität und Bitcoin-Transaktionen............................. 42
    Rolle von CoinJoins und anderen Datenschutztechnologien... 47
Bitcoin und die rechtlichen Herausforderungen................... 52
    Die Rechtsprechung rund um Bitcoin................................. 52
    Vorbereiten auf zukünftige Rechtsfragen........................... 54
Bitcoin im globalen Finanzsystem.. 59
    Bitcoin und der Währungsmarkt... 59
    Bitcoin als Hedge gegen Inflation....................................... 62
Die Rolle von Bitcoin in der Zentralbankpolitik.................... 64
    Zentralbanken und digitale Währungen............................. 64
    Auswirkungen von Bitcoin auf die Geldpolitik.................. 69
Bitcoin und seine Umweltauswirkungen............................... 71

Energieverbrauch im Bitcoin-Netzwerk.. 71
Nachhaltige Alternativen und Lösungen.. 76
Bitcoin und die Theorie des Spiels...80
Verstehen von Nash-Gleichgewichten in Bitcoin................................... 80
Anwendung von Spieltheorie auf Mining-Strategien............................ 84
Makroökonomische Faktoren und Bitcoin-Preis....................................... 88
Analyse des Einflusses von Inflation und Deflation.............................. 88
Die Auswirkungen von politischen Ereignissen..................................... 92
Bitcoin und traditionelle Anlageklassen.. 95
Bitcoin im Vergleich zu Aktien und Anleihen..95
Korrelationen und Risiko-Diversifikation.. 98
Fortgeschrittene Handelstechniken mit Bitcoin.. 103
Nutzung von Derivaten und Leverage... 103
Algorithmischer Handel und Bitcoin...105
Praktische Überlegungen zur sicheren Aufbewahrung von Bitcoin...... 110
Multisignatur-Wallets und andere Sicherheitstechniken.................... 110
Backup und Recovery-Strategien...114
Skalierung von Bitcoin.. 118
On-Chain und Off-Chain Lösungen.. 118
Sharding und Sidechains...121
Das Bitcoin-Ökosystem und seine Beteiligten... 125
Rolle von Börsen und Wallet-Anbietern.. 125
Die wachsende Rolle von DeFi in Bitcoin...129
Steuern und Bitcoin... 134
Besteuerung von Bitcoin-Gewinnen.. 134
Berücksichtigung von Bitcoin in der Steuerplanung........................... 138
Bitcoin-Programmierung... 140
Überblick über Bitcoin-Skript... 140
Erstellung von Bitcoin-Anwendungen...144
Bitcoin Forks und Alternativen.. 147
Die Geschichte und Wirkung von Bitcoin Forks................................ 147
Bewertung von Alternativen wie Bitcoin Cash und Bitcoin SV........ 151

Bitcoin und die Zukunft des E-Commerce 155
    Bitcoin als Zahlungsmittel 155
    Implementierung von Bitcoin-Zahlungen in Online-Shops 159
Erweiterte Netzwerkanalyse für Bitcoin 162
    Blockchain-Explorer und Analysetools 162
    Identifizierung von Netzwerkmustern 165
Die Psychologie des Bitcoin-Marktes 168
    Verstehen von FOMO und anderen psychologischen Phänomen 168
    Anwendung von Behavioral Finance auf Bitcoin-Investitionen 170
Bitcoin und die Philosophie des Geldes 175
    Bitcoin und der Ursprung des Wertes 175
    Bitcoin und das Konzept des Vertrauens 179
Die Zukunft von Bitcoin 183
    Potenzielle Szenarien und Auswirkungen 183
    Bitcoin und die nächste Generation der Blockchain 185
Fazit 190

Vorwort

Liebe Leserin, lieber Leser,

willkommen zu "Blockchain verstehen: Fortgeschrittene Konzepte am Beispiel von Bitcoin". Wenn Sie dieses Buch in die Hand nehmen, zeigt das, dass Sie sich nicht nur mit den Grundlagen von Bitcoin und Blockchain-Technologie vertraut gemacht haben, sondern dass Sie nun bereit sind, tiefer in die komplexe Welt der Kryptowährungen einzutauchen.

In diesem Buch werden wir die komplexen Facetten und Nuancen von Bitcoin und seiner zugrundeliegenden Technologie erforschen. Wir beginnen mit einer vertiefenden Untersuchung des Bitcoin-Protokolls und der Blockchain-Technologie, bevor wir uns dem Bitcoin-Mining und den Auswirkungen von Quantencomputern widmen. Dabei legen wir immer Wert auf praktische, technische und wissenschaftliche Sichtweisen, um sicherzustellen, dass Sie als Leser stets auf dem neuesten Stand sind.

Das Ziel dieses Buches ist es, Ihnen ein umfassendes Verständnis der fortgeschrittenen Konzepte rund um Bitcoin zu vermitteln. Darunter fallen zum Beispiel das Bitcoin Lightning Netzwerk, die Rolle von Bitcoin in der Zentralbankpolitik, Bitcoin-Programmierung, erweiterte Netzwerkanalyse und vieles mehr. Dabei werden wir nicht nur technische, sondern auch ökonomische, rechtliche und gesellschaftliche Aspekte betrachten, um ein ganzheitliches Bild zu zeichnen.

Außerdem werden wir uns mit den Herausforderungen und Perspektiven für die Zukunft von Bitcoin auseinandersetzen. Ob es sich um die Umweltauswirkungen des Bitcoin-Minings, die rechtlichen Herausforderungen oder die Bedrohungen durch Quantencomputer handelt, wir werden diese Themen tiefgehend behandeln und dabei Wege aufzeigen, wie diese Herausforderungen bewältigt werden können.

Aber dieses Buch ist mehr als nur eine technische Ressource. Es ist auch eine Einladung, tiefer über die Philosophie und Psychologie von Bitcoin und Kryptowährungen im Allgemeinen nachzudenken. Wie verändern sie unsere Vorstellungen von Geld und Vertrauen? Wie beeinflussen sie unsere Entscheidungen als Anleger und Nutzer?

Ob Sie ein Entwickler, ein Investor, ein Forscher oder einfach nur ein neugieriger Geist sind, ich bin überzeugt, dass Sie in diesem Buch wertvolle Einsichten und Kenntnisse gewinnen werden. Es ist meine Hoffnung, dass "Blockchain verstehen" Ihnen hilft, die Welt der Kryptowährungen besser zu verstehen und Ihnen das Rüstzeug an die Hand gibt, um in diesem spannenden, neuen Bereich erfolgreich zu sein.

Viel Spaß bei der Lektüre und herzlich willkommen in der Welt der Profis.

Das Bitcoin-Protokoll Vertiefung

Überprüfung der kryptographischen Sicherheit

In der Welt von Bitcoin und anderen Kryptowährungen spielt die kryptographische Sicherheit eine entscheidende Rolle. Sie ist das Rückgrat, das das gesamte System zusammenhält und es ermöglicht, dass Transaktionen sicher und vertrauenswürdig durchgeführt werden können. Doch was genau bedeutet "kryptographische Sicherheit" und wie wird sie in Bitcoin gewährleistet? In diesem Kapitel werden wir uns diesen Fragen widmen.

Bitcoin beruht auf dem Prinzip der Kryptographie, einer Wissenschaft, die sich mit der sicheren Kommunikation in Anwesenheit von Gegnern beschäftigt. Dabei verwendet Bitcoin verschiedene kryptographische Techniken, um unterschiedliche Aspekte der Sicherheit zu gewährleisten. Der erste und wohl bekannteste Aspekt ist die Verwendung von digitalen Signaturen.

Digitale Signaturen sind eine Art von kryptographischen Werkzeugen, die es ermöglichen, die Integrität und Authentizität einer Nachricht zu überprüfen. Sie ermöglichen es, dass eine Person eine Nachricht mit ihrem privaten Schlüssel signiert und jeder, der den dazugehörigen öffentlichen Schlüssel hat, die Signatur überprüfen kann. In Bitcoin wird das Elliptic Curve Digital Signature Algorithm

(ECDSA) verwendet, ein weit verbreitetes System für digitale Signaturen.

Die zweite Säule der kryptographischen Sicherheit in Bitcoin ist das Konzept des Hashing. Ein Hash ist eine Art von Funktion, die eine beliebige Menge an Eingabedaten nimmt und eine feste Größe an Ausgabedaten produziert. In Bitcoin wird der SHA-256 Hash-Algorithmus verwendet, der Daten jeglicher Größe nimmt und daraus einen 64 Zeichen langen String produziert.

Das Hashing spielt in vielen Aspekten von Bitcoin eine Rolle. Es wird unter anderem zur Erstellung von Bitcoin-Adressen, zur Berechnung von Transaktions-IDs und zur Bildung von Blöcken in der Blockchain verwendet. Durch seine Einwegfunktion bietet das Hashing eine hohe Sicherheit. Wenn auch nur ein kleines Detail in den Eingabedaten geändert wird, ändert sich der gesamte Ausgabe-Hash, was es extrem schwierig macht, den Originalinput durch den Hash zu ermitteln.

Neben dem Hashing und den digitalen Signaturen spielt auch das Proof-of-Work-System eine Rolle in der kryptographischen Sicherheit von Bitcoin. Dieses System erfordert, dass Miner komplizierte mathematische Rätsel lösen, um neue Blöcke zur Blockchain hinzuzufügen. Die Schwierigkeit dieser Rätsel stellt sicher, dass es erhebliche Rechenleistung und Zeit benötigt, um einen Block zu minen, was Angriffe auf das Netzwerk erschwert.

Eine weitere Sicherheitsmaßnahme in Bitcoin ist das Konzept der "adressierten" Transaktionen. Jede Transaktion ist an eine spezifische Bitcoin-Adresse gebunden, die aus dem öffentlichen Schlüssel des Benutzers erzeugt wird. Das bedeutet, dass nur der Besitzer des privaten Schlüssels, der mit der Adresse verknüpft ist, in der Lage ist, die Bitcoins zu bewegen, die an diese Adresse gesendet wurden. Dies stellt eine zusätzliche Schicht der Sicherheit dar, da ein Angreifer den privaten Schlüssel benötigen würde, um Zugang zu den Bitcoins zu erhalten.

All diese Techniken zusammen bilden die kryptographische Sicherheit von Bitcoin. Sie ermöglichen es, dass Transaktionen sicher durchgeführt, überprüft und in der Blockchain aufgezeichnet werden können. Doch wie jede Technologie, ist auch die Kryptographie nicht unfehlbar.

Es gibt verschiedene Bedrohungen für die kryptographische Sicherheit von Bitcoin. Eine davon ist die Möglichkeit eines Quantencomputing-Angriffs. Theoretisch könnten Quantencomputer die kryptographischen Algorithmen knacken, auf denen Bitcoin basiert. Allerdings sind solche Computer noch weit entfernt von der praktischen Anwendbarkeit und es wird bereits an kryptographischen Algorithmen gearbeitet, die gegen solche Angriffe resistent sind.

Eine weitere potenzielle Bedrohung ist die Möglichkeit eines 51% Angriffs. Wenn ein Miner oder eine Gruppe von Minern mehr als die Hälfte der gesamten Hashing-Power des Netzwerks kontrolliert, könnten sie theoretisch die Blockchain manipulieren. Allerdings ist ein solcher Angriff in der Praxis sehr teuer und schwer durchzuführen und es gibt Mechanismen, die solche Angriffe abschwächen können.

Die kryptographische Sicherheit ist also ein wesentlicher Aspekt von Bitcoin, aber sie ist nicht perfekt und es gibt immer noch Herausforderungen und Bedrohungen, die angegangen werden müssen. Es ist jedoch beeindruckend, wie robust und sicher das System trotz dieser Herausforderungen bleibt.

Und es ist ein Beweis für die Stärke und Innovation, die in der Kryptographie und im Design von Bitcoin steckt.

Es ist nicht nur faszinierend, diese komplexen Techniken und Mechanismen zu verstehen, sondern es ist auch entscheidend für jeden, der in der Welt von Bitcoin und anderen Kryptowährungen navigieren möchte. Denn nur wer die Mechanismen hinter der Sicherheit von Bitcoin versteht, kann fundierte Entscheidungen treffen und das Risiko minimieren. Daher ist es unerlässlich, diese Konzepte zu verstehen und auf dem Laufenden zu bleiben, um in der dynamischen Welt der Kryptowährungen erfolgreich zu sein.

Verstehen des Konsensalgorithmus

Der Konsensalgorithmus ist ein wesentliches Element in dezentralen Netzwerken, insbesondere in Blockchain-Systemen wie Bitcoin. Er bestimmt, wie Entscheidungen in einem solchen System getroffen werden, und stellt sicher, dass alle Teilnehmer des Netzwerks zu einem gemeinsamen Stand der Dinge gelangen. Doch bevor wir uns tiefer in dieses Thema vertiefen, beginnen wir mit den Grundlagen.

Die Notwendigkeit eines Konsensalgorithmus entsteht aus dem dezentralen Charakter der Blockchain. In einem zentralisierten System, wie einem traditionellen Datenbanksystem, gibt es eine zentrale Autorität, die Entscheidungen trifft und Konflikte löst. In einem dezentralen System hingegen gibt es keine solche Autorität. Deshalb benötigen wir Mechanismen, um sicherzustellen, dass alle Teilnehmer des Netzwerks zu einer gemeinsamen Übereinkunft gelangen, und genau hier kommt der Konsensalgorithmus ins Spiel.

In der Welt der Kryptowährungen sind verschiedene Konsensalgorithmen im Einsatz. Der wohl bekannteste unter ihnen ist der Proof-of-Work (PoW). Dieser Algorithmus wurde ursprünglich von Bitcoin eingeführt und findet in vielen anderen Kryptowährungen Anwendung. Bei PoW müssen Miner komplexe mathematische Probleme lösen, um neue Blöcke zur Blockchain hinzuzufügen. Dieser Prozess erfordert erhebliche Rechenleistung und dient dazu, das Netzwerk vor Angriffen zu schützen.

Ein weiterer populärer Konsensalgorithmus ist der Proof-of-Stake (PoS). Im Gegensatz zu PoW, bei dem die Fähigkeit, neue Blöcke zu minen, von der Rechenleistung abhängt, basiert PoS auf dem Besitz von Kryptowährungen. Je mehr Einheiten einer Kryptowährung Sie besitzen und "einfrieren" (oder "staken"), desto größer ist Ihre Chance, den nächsten Block zu validieren und Belohnungen zu erhalten.

Beide Algorithmen haben ihre Vor- und Nachteile. Während PoW durch seine rechenintensive Natur sicherstellt, dass Angriffe auf das Netzwerk kostspielig sind, hat es auch Nachteile in Bezug auf den Energieverbrauch. PoS hingegen ist energieeffizienter, kann aber zu einer stärkeren Zentralisierung des Reichtums im Netzwerk führen, da diejenigen mit mehr Münzen mehr Macht im Konsensprozess haben.

Es gibt auch neuere Ansätze wie den Delegated Proof-of-Stake (DPoS) und den Byzantine Fault Tolerance (BFT) Algorithmus. Bei DPoS wählen die Token-Inhaber eine kleine Anzahl von "Delegierten", die dann den Konsensprozess durchführen. BFT hingegen ist ein Algorithmus, der darauf abzielt, Systeme auch dann funktionsfähig zu halten, wenn einige Knoten fehlerhaft oder bösartig sind.

Ein gut gestalteter Konsensalgorithmus gewährleistet nicht nur die Integrität und Sicherheit eines Netzwerks, sondern auch seine Skalierbarkeit und Effizienz. In den letzten Jahren haben viele Kryptowährungsprojekte experimentelle Konsensalgorithmen eingeführt, um die Herausforderungen der Skalierbarkeit und Geschwindigkeit zu bewältigen, die insbesondere bei PoW auftreten können.

Neben den technischen Aspekten ist es auch von Bedeutung, die sozioökonomischen Implikationen des Konsensalgorithmus zu berücksichtigen. Diese Algorithmen können die Machtverteilung innerhalb des Netzwerks beeinflussen und damit auch das Verhalten und die Anreize der Teilnehmer.

Es ist auch zu beachten, dass kein Konsensalgorithmus perfekt ist. Jeder Algorithmus hat seine eigenen Herausforderungen und Kompromisse, und es ist entscheidend, diese zu verstehen, um die richtigen Entscheidungen für ein bestimmtes Netzwerk oder Projekt zu treffen.

Das Verständnis des Konsensalgorithmus ist daher nicht nur für Entwickler und Technologieexperten von Bedeutung, sondern für jeden, der in der Welt der Kryptowährungen und dezentralen Systeme aktiv ist. Durch ein tieferes Verständnis dieser Algorithmen können Sie fundiertere Entscheidungen treffen, sei es als Investor, Entwickler oder einfach nur als Benutzer.

Wenn Sie also das nächste Mal von PoW, PoS oder einem anderen Konsensalgorithmus hören, wissen Sie, dass hinter diesen Begriffen komplexe und faszinierende Technologien stecken, die das Herzstück dezentraler Systeme bilden.

Und indem Sie diese Algorithmen verstehen, können Sie einen Schritt weiter gehen auf Ihrem Weg, die Welt der Kryptowährungen und Blockchains zu meistern.

Entschlüsselung der Blockchain

Advanced Blockchain-Analyse

Die Analyse von Blockchains kann eine komplexe und herausfordernde Aufgabe sein, insbesondere auf einem fortgeschrittenen Niveau. Diese Analysen können aus einer Vielzahl von Gründen durchgeführt werden, von der Überwachung von Marktverhalten und Handelsmustern bis hin zur Untersuchung von sicherheitsrelevanten Ereignissen. Beginnen wir also mit einem Überblick über die Grundlagen der Blockchain-Analyse.

Die Blockchain, auf der Bitcoin und viele andere Kryptowährungen basieren, ist im Wesentlichen ein öffentliches Hauptbuch, das jede Transaktion aufzeichnet, die im Netzwerk stattfindet. Obwohl diese Transaktionen pseudonym sind, das heißt, sie sind nicht direkt mit den Identitäten der Benutzer verbunden, sind sie dennoch öffentlich und für jeden sichtbar, der die Blockchain durchsuchen möchte.

In der Praxis können diese Daten eine Fülle von Informationen über die Aktivitäten im Netzwerk liefern. Durch das Studieren von Transaktionsmustern, der Verteilung von Vermögen und anderen Metriken können Analysten Einblicke in das Verhalten der Marktteilnehmer, die Gesundheit des Netzwerks und viele andere Aspekte gewinnen.

Zu den fortgeschrittenen Techniken der Blockchain-Analyse gehört die Clusteranalyse. Dieser Ansatz zielt darauf ab, Adressen, die wahrscheinlich derselben Entität gehören, in Gruppen zusammenzufassen. Dies kann auf der Grundlage verschiedener Kriterien geschehen, wie zum Beispiel der Häufigkeit, mit der Transaktionen zwischen bestimmten Adressen stattfinden.

Eine andere Technik ist die Zeitreihenanalyse. Mit dieser Methode können Analysten Veränderungen und Trends im Laufe der Zeit untersuchen. Dies kann verwendet werden, um saisonale Muster zu identifizieren, Vorhersagen zu treffen oder Anomalien zu erkennen, die auf potenzielle Probleme oder ungewöhnliche Aktivitäten hinweisen.

Auch die Netzwerkanalyse ist ein wichtiger Bestandteil der fortgeschrittenen Blockchain-Analyse. Dieser Ansatz konzentriert sich auf die Beziehungen zwischen den verschiedenen Teilnehmern im Netzwerk. Durch das Aufzeichnen und Analysieren dieser Beziehungen können Analysten die Struktur des Netzwerks besser verstehen und möglicherweise auch Schlüsselakteure oder Knotenpunkte identifizieren.

Während diese Techniken wertvolle Einblicke liefern können, ist es entscheidend zu beachten, dass die Daten auf der Blockchain nur einen Teil des Gesamtbildes darstellen. Beispielsweise können Off-Chain-Transaktionen, also Transaktionen, die außerhalb der Blockchain stattfinden, wichtige Informationen liefern, die bei einer reinen Blockchain-Analyse möglicherweise übersehen werden.

Außerdem erfordert die fortgeschrittene Blockchain-Analyse eine gewisse Vorsicht bei der Interpretation der Ergebnisse. Während bestimmte Muster und Verbindungen auf bestimmte Aktivitäten oder Verhaltensweisen hindeuten können, gibt es oft mehrere mögliche Erklärungen für ein bestimmtes Muster. Daher ist es wichtig, die Daten in einem breiteren Kontext zu betrachten und alternative Interpretationen in Betracht zu ziehen.

Neben diesen technischen Herausforderungen gibt es auch ethische und rechtliche Aspekte, die bei der Blockchain-Analyse zu berücksichtigen sind. Obwohl die Daten auf der Blockchain öffentlich sind, gibt es immer noch Bedenken hinsichtlich der Privatsphäre und des Datenschutzes. Daher müssen Analysten sorgfältig abwägen, wie sie diese Daten nutzen und welche Informationen sie veröffentlichen.

Trotz dieser Herausforderungen bietet die fortgeschrittene Blockchain-Analyse enorme Möglichkeiten. Sie kann dazu beitragen, das Verständnis der Dynamik von Kryptowährungsmärkten zu vertiefen, die Sicherheit und Integrität von Netzwerken zu überwachen und zu verbessern und neue Einblicke in das komplexe Ökosystem der Blockchain-Technologie zu gewinnen.

Wenn Sie sich also das nächste Mal in die Tiefen der Blockchain-Daten wagen, denken Sie daran, dass Sie nicht nur Zahlen und Diagramme betrachten, sondern ein lebendiges und dynamisches Netzwerk von Transaktionen, Beziehungen und Aktivitäten. Und mit den richtigen Werkzeugen und Kenntnissen können Sie dieses Netzwerk nicht nur beobachten, sondern auch verstehen und navigieren. Im

Herzen der komplexen Welt der Blockchain-Analyse finden Sie so ein faszinierendes Universum der Erkenntnisse und Entdeckungen.

Smart Contracts und Bitcoin

Smart Contracts sind ein entscheidender Bestandteil der Blockchain-Technologie und haben die Art und Weise, wie wir Transaktionen und Geschäftsprozesse verstehen, revolutioniert. Allerdings ist ihre Anwendung im Kontext von Bitcoin etwas komplexer und weniger bekannt als bei anderen Blockchain-Plattformen, insbesondere Ethereum. Lassen Sie uns diesen Bereich daher näher betrachten.

Ein Smart Contract ist im Grunde genommen ein Programm, das auf einer Blockchain ausgeführt wird. Es kann automatisch Transaktionen auslösen oder manipulieren, basierend auf einer Reihe vordefinierter Regeln. Wenn bestimmte Bedingungen erfüllt sind, wird der Smart Contract ausgeführt und führt die entsprechende Aktion aus.

In Bitcoin ist die Umsetzung von Smart Contracts etwas eingeschränkter als bei anderen Blockchain-Plattformen. Das liegt an der relativ simplen Programmiersprache von Bitcoin, bekannt als Bitcoin Script. Diese ist nicht "Turing-vollständig", d.h., sie kann nicht alle Arten von Berechnungen durchführen, im Gegensatz zur Ethereum-Plattform, die für ihre vielseitigen Smart Contracts bekannt ist.

Trotz dieser Einschränkungen können mit Bitcoin immer noch bestimmte Arten von Smart Contracts erstellt werden. Ein gängiges Beispiel ist das Multisig-Wallet, eine Art digitaler Geldbörse, die mehr als einen privaten Schlüssel benötigt, um Transaktionen zu signieren. Diese Art von Wallet kann durch einen Smart Contract erstellt werden, der nur dann Bitcoins sendet, wenn genügend gültige Signaturen vorhanden sind.

Ein anderes Beispiel für die Nutzung von Smart Contracts in Bitcoin ist die Verwendung von sogenannten "time locks". Mit diesem Mechanismus können Benutzer eine Transaktion so einrichten, dass sie erst nach einem bestimmten Zeitpunkt oder einem bestimmten Block in der Blockchain ausgeführt werden kann.

Es gibt auch komplexere Anwendungsfälle für Smart Contracts in Bitcoin. Dazu gehören beispielsweise Zahlungskanäle wie das Lightning Network, das die Skalierbarkeit des Bitcoin-Netzwerks durch die Schaffung von "Off-Chain"-Zahlungen erhöht.

Es ist jedoch zu beachten, dass das Erstellen und Implementieren von Smart Contracts auf Bitcoin einige Herausforderungen mit sich bringt. Einerseits erfordert es ein tiefes technisches Verständnis der Bitcoin-Technologie. Andererseits sind die Möglichkeiten, Fehler zu beheben und Smart Contracts zu aktualisieren, aufgrund der Unveränderlichkeit der Blockchain begrenzt.

Trotz dieser Herausforderungen eröffnet die Verwendung von Smart Contracts auf Bitcoin spannende Möglichkeiten. Sie können dazu beitragen, Prozesse zu automatisieren, Sicherheit zu erhöhen und neue Arten von Transaktionen und Dienstleistungen zu ermöglichen.

Es gibt auch Bemühungen, die Funktionalität von Smart Contracts auf Bitcoin zu erweitern. Dazu gehören Vorschläge zur Verbesserung oder Erweiterung von Bitcoin Script sowie Layer-2-Lösungen, die auf der Bitcoin-Blockchain aufbauen.

Zum Abschluss ist es entscheidend zu bedenken, dass Smart Contracts, obwohl sie leistungsstark sind, kein Allheilmittel sind. Sie können das Risiko von Fehlern oder Missbrauch nicht vollständig eliminieren, und sie erfordern ein hohes Maß an Sorgfalt und Sachverstand bei der Implementierung. Daher ist es essenziell, die zugrunde liegenden Technologien und Prinzipien zu verstehen, bevor man sich in die Welt der Smart Contracts vertieft.

Alles in allem bieten Smart Contracts auf Bitcoin eine spannende Mischung aus Möglichkeiten und Herausforderungen. Durch das Verstehen und Nutzen dieser Technologien können Sie neue Wege beschreiten und Ihre Fähigkeiten in der Welt der Kryptowährungen weiterentwickeln. So führen Smart Contracts nicht nur zu einer innovativen Art der Interaktion mit der Blockchain, sondern stellen auch einen wichtigen Meilenstein auf dem Weg zur Meisterung von Bitcoin dar.

Die Anwendung von Smart Contracts auf Bitcoin kann weit über das hinausgehen, was wir bisher besprochen haben. Im Hinblick auf eine weitergehende Meisterung von Bitcoin sollten Sie in Betracht ziehen, wie Smart Contracts zur Lösung realer Probleme eingesetzt werden können. Zum Beispiel können sie helfen, komplexe Finanzinstrumente zu schaffen, wie optionale Verträge, Futures oder andere Derivate. Sie können auch dazu beitragen, die Blockchain-Technologie in traditionelle Geschäftsprozesse zu integrieren.

Eine weitere potenzielle Anwendung von Smart Contracts auf Bitcoin ist die sogenannte Dezentrale Finanzierung, oder DeFi. Obwohl DeFi hauptsächlich mit Ethereum in Verbindung gebracht wird, gibt es auch Möglichkeiten, diese Art von Dienstleistungen auf Bitcoin umzusetzen. Dies könnte die Schaffung von dezentralen Börsen, Kreditplattformen und anderen Finanzdienstleistungen beinhalten.

Die Möglichkeiten von Smart Contracts erstrecken sich auch auf die Bereiche Governance und digitale Identität. Sie könnten verwendet werden, um dezentrale autonome Organisationen (DAOs) zu schaffen oder um digitale Identitätslösungen zu implementieren. Dies würde eine Reihe von Anwendungsfällen eröffnen, von der Verbesserung der Transparenz und Effizienz in Unternehmen bis hin zur Verbesserung der Sicherheit und des Datenschutzes für Individuen.

Neben diesen innovativen Anwendungsfällen können Smart Contracts auch dazu beitragen, die Skalierbarkeit und Effizienz des Bitcoin-Netzwerks zu verbessern. Durch die Schaffung von "Sidechains" oder "Layer-2"-Lösungen könnten Smart Contracts dazu beitragen, die Transaktionsgeschwindigkeiten zu erhöhen und die Gebühren zu senken, was Bitcoin für eine noch größere Nutzerbasis zugänglich machen würde.

All diese Entwicklungen würden jedoch eine aktive Beteiligung und Mitarbeit der Bitcoin-Gemeinschaft erfordern. Smart Contracts und die damit verbundenen Technologien sind noch in der Entwicklung und es gibt viele technische, rechtliche und ethische Fragen, die beantwortet werden müssen.

Die Zukunft der Smart Contracts auf Bitcoin ist also alles andere als gewiss. Es ist jedoch klar, dass sie das Potenzial haben, die Art und Weise, wie wir Bitcoin und andere

Kryptowährungen nutzen, grundlegend zu verändern. Mit ihrer Fähigkeit, komplexe Logik und Automatisierung in die Welt der Blockchain zu bringen, könnten sie eine zentrale Rolle in der nächsten Phase der Bitcoin-Entwicklung spielen.

Gleichzeitig sollten wir uns bewusst sein, dass diese Fortschritte nicht ohne Risiken sind. Von technischen Fehlern bis hin zu rechtlichen Grauzonen gibt es viele Herausforderungen, die bewältigt werden müssen. Deshalb ist es unerlässlich, dass wir weiterhin lernen, erforschen und uns engagieren, um das Potenzial dieser Technologien voll auszuschöpfen und ihre Risiken zu minimieren.

In diesem Sinne ist das Studium von Smart Contracts ein Schlüsselelement auf Ihrem Weg zur Meisterung von Bitcoin. Es bietet nicht nur tiefe Einblicke in die technischen Aspekte der Kryptowährung, sondern öffnet auch Türen zu neuen Anwendungsfällen und Möglichkeiten. Es ist ein Weg, der technisches Wissen, kreatives Denken und kontinuierliches Lernen erfordert. Es ist ein Pfad, der Sie in die spannende Zukunft von Bitcoin und der Blockchain-Technologie führt.

Bitcoin-Mining im Detail

Optimierung des Mining-Prozesses

Das Mining von Bitcoins ist ein komplexer Prozess, der Ressourcen, Know-how und eine strategische Herangehensweise erfordert. Als fortgeschrittener Anwender haben Sie bereits ein grundlegendes Verständnis davon, wie dieser Prozess funktioniert. Nun werden wir in die Details gehen, um zu verstehen, wie der Mining-Prozess optimiert werden kann, um maximale Effizienz und Rentabilität zu erreichen.

Beginnen wir mit der Auswahl der richtigen Hardware. ASICs (Application Specific Integrated Circuits) sind speziell für das Mining von Bitcoins entwickelt und sind weitaus effizienter als CPUs oder GPUs. Diese spezialisierten Maschinen sind allerdings teuer und die Investition sollte sorgfältig überlegt sein. Beachten Sie dabei auch die fortlaufenden Kosten für Wartung und Strom, die einen erheblichen Einfluss auf Ihre Rentabilität haben können.

Eine weitere wesentliche Überlegung ist die Wahl des richtigen Mining-Pools. Ein Mining-Pool ist eine Gruppe von Minern, die ihre Rechenleistung bündeln, um die Wahrscheinlichkeit zu erhöhen, einen Block zu finden und die Belohnung zu teilen. Unterschiedliche Pools haben unterschiedliche Auszahlungsmodelle und Gebührenstrukturen. Eine gründliche Untersuchung kann dabei helfen, den am besten geeigneten Pool für Ihre spezifischen Bedürfnisse zu finden.

Effiziente Stromversorgung ist ein weiterer entscheidender Aspekt beim Mining von Bitcoin. Der Stromverbrauch kann einen erheblichen Einfluss auf die Rentabilität des Minings haben. Die Wahl eines Standorts, an dem Strom günstig ist, kann daher einen großen Unterschied machen. Ebenso kann der Einsatz von erneuerbaren Energien oder der Kauf von Energie in Großmengen eine wirksame Strategie zur Senkung der Kosten sein.

Neben der Hardware und dem Stromverbrauch ist die Software, die Sie verwenden, ein wesentlicher Faktor. Es gibt verschiedene Mining-Programme zur Auswahl, die unterschiedliche Features und Konfigurationsmöglichkeiten bieten. Wählen Sie eine Software, die gut zu Ihrer Hardware passt und eine hohe Effizienz ermöglicht. Eine regelmäßige Aktualisierung der Software kann ebenfalls dazu beitragen, die Leistung zu verbessern.

Ein weiterer Aspekt, der oft übersehen wird, ist die Wärmeabfuhr. Mining-Hardware erzeugt eine Menge Wärme, die ohne eine effektive Kühlung die Lebensdauer der Geräte verkürzen und die Effizienz reduzieren kann. Investitionen in eine gute Kühlung und ein geeignetes Raumklima können auf lange Sicht einen signifikanten Unterschied machen.

In der Welt des Bitcoin-Minings können auch Netzwerküberlegungen eine Rolle spielen. Je schneller Sie neue Blöcke erhalten und Ihre Lösungen an das Netzwerk senden, desto größer ist Ihre Chance, Belohnungen zu erhalten. Eine schnelle und zuverlässige Internetverbindung ist daher ein wichtiger Faktor.

Es ist auch ratsam, die Rentabilität kontinuierlich zu überwachen. Verschiedene Faktoren können die Rentabilität des Minings beeinflussen, darunter der Schwierigkeitsgrad des Netzwerks, der Preis von Bitcoin und die Betriebskosten. Es gibt verschiedene Tools und Dienste, die dabei helfen können, diese Faktoren im Auge zu behalten und die Strategie bei Bedarf anzupassen.

Die Optimierung des Mining-Prozesses erfordert auch einen Blick auf die gesetzlichen und steuerlichen Aspekte. In vielen Ländern gelten spezielle Vorschriften und Steuergesetze für das Mining von Kryptowährungen. Ein Verständnis dieser Gesetze und eine korrekte Buchführung sind wesentlich, um Probleme zu vermeiden.

Es gibt auch einige fortgeschrittene Strategien, die zur Optimierung des Mining-Prozesses verwendet werden können. Dazu gehören beispielsweise das Overclocking der Hardware zur Steigerung der Leistung oder das Feintuning der Mining-Software zur Verbesserung der Effizienz. Diese Strategien erfordern allerdings technisches Know-how und können Risiken bergen.

In der sich ständig verändernden Welt des Bitcoin-Minings ist es zudem entscheidend, auf dem Laufenden zu bleiben. Die Technologie entwickelt sich ständig weiter und neue Strategien und Tools zur Optimierung des Minings tauchen regelmäßig auf. Regelmäßige Forschung und Lernen sind daher ein integraler Bestandteil eines erfolgreichen Mining-Betriebs.

Zum Abschluss dieses Kapitels ist zu sagen, dass die Optimierung des Bitcoin-Mining-Prozesses ein komplexer und multifaktorieller Vorgang ist. Es erfordert ein umfassendes Verständnis der verschiedenen Aspekte des Minings und eine strategische Herangehensweise. Indem Sie diese Prinzipien befolgen und sich auf kontinuierliche Verbesserung und

Anpassung konzentrieren, können Sie jedoch die Effizienz und Rentabilität Ihres Mining-Betriebs maximieren. Das Potenzial von Bitcoin ist grenzenlos, und Ihre Reise in die Tiefen des Bitcoin-Mining ist ein Schlüssel, um dieses Potenzial zu entdecken und zu nutzen.

Zukunft des Bitcoin-Minings

Die Zukunft des Bitcoin-Minings ist ein Thema, das mit großer Spannung und Neugier beobachtet wird. Als fortschrittlicher Anwender sind Sie zweifellos daran interessiert, zu verstehen, wie sich dieser Sektor in den kommenden Jahren entwickeln könnte und welche Auswirkungen dies auf Ihre Bemühungen im Bereich des Bitcoin-Minings haben könnte.

Die Verbesserung der Mining-Hardware ist ein Aspekt, der die Zukunft des Bitcoin-Minings stark beeinflussen wird. Mit der Entwicklung neuer Technologien werden die ASICs immer effizienter und energieeffizienter. Dies könnte die Rentabilität des Minings erhöhen und gleichzeitig dazu beitragen, die Umweltauswirkungen des Prozesses zu verringern.

Die Blockchain-Technologie selbst könnte sich auch weiterentwickeln und neue Wege für das Bitcoin-Mining eröffnen. Es gibt bereits Diskussionen über neue Protokolle und Algorithmen, die die Effizienz des Netzwerks verbessern und den Energieverbrauch senken könnten.

Ein weiterer wichtiger Aspekt, der die Zukunft des Bitcoin-Minings beeinflussen könnte, ist die regulatorische Landschaft. Die Gesetzgeber weltweit versuchen, das

Phänomen der Kryptowährungen zu verstehen und angemessene Regulierungen zu entwickeln. Diese Regulierungen könnten sowohl Herausforderungen als auch Chancen für Miner darstellen, je nachdem, wie sie gestaltet sind.

Die Rolle von erneuerbaren Energien im Bitcoin-Mining wird wahrscheinlich an Bedeutung gewinnen. Da die Umweltauswirkungen des Minings immer stärker in den Fokus rücken, könnten erneuerbare Energien eine Lösung bieten, um die Rentabilität zu erhalten und gleichzeitig die Umweltbelastung zu verringern.

Die Nutzung von Datenzentren für das Bitcoin-Mining könnte ebenfalls zunehmen. Mit dem Anstieg der Hashrate des Bitcoin-Netzwerks und der damit verbundenen Erhöhung des Schwierigkeitsgrades, könnten Datenzentren eine effiziente Möglichkeit bieten, um Mining zu betreiben.

Das Konzept der dezentralen Finanzen (DeFi) könnte auch neue Möglichkeiten für das Bitcoin-Mining eröffnen. Durch die Schaffung von Finanzdienstleistungen auf der Basis von Blockchain-Technologie könnten Miner neue Einkommensquellen erschließen und ihre Rentabilität verbessern.

Künstliche Intelligenz (KI) und maschinelles Lernen könnten ebenfalls eine Rolle in der Zukunft des Bitcoin-Minings spielen. Diese Technologien könnten dazu beitragen, den Mining-Prozess effizienter zu gestalten und die Rentabilität zu erhöhen.

Die Weiterentwicklung der Netzwerktechnologie könnte ebenfalls einen Einfluss auf das Bitcoin-Mining haben.

Mit schnelleren und zuverlässigeren Verbindungen könnten Miner ihre Chancen erhöhen, neue Blöcke zu finden und Belohnungen zu verdienen.

Ein weiteres spannendes Gebiet ist die Interaktion zwischen Bitcoin und anderen aufkommenden Technologien. Beispielsweise könnte die Verbreitung des Internets der Dinge (IoT) neue Anwendungen für das Bitcoin-Mining eröffnen.

Trotz all dieser potenziellen Entwicklungen gibt es auch Herausforderungen, die auf das Bitcoin-Mining zukommen. Zum einen könnte der Anstieg des Schwierigkeitsgrades des Netzwerks dazu führen, dass das Mining immer weniger zugänglich wird. Zudem könnten die Umweltauswirkungen des Prozesses zu strengeren Regulierungen führen.

Insgesamt ist die Zukunft des Bitcoin-Minings ein komplexes und facettenreiches Thema. Als Miner sollten Sie stets auf dem Laufenden bleiben und sich über die neuesten Entwicklungen informieren, um auf Veränderungen reagieren zu können. Dabei sollte man stets bedenken, dass die Welt der Kryptowährungen sich ständig verändert und dass Flexibilität und Anpassungsfähigkeit entscheidend für den Erfolg sind.

Die Aussichten sind sowohl aufregend als auch herausfordernd, und es ist klar, dass das Bitcoin-Mining in den kommenden Jahren eine spannende Reise sein wird. Sie, als fortgeschrittene Nutzerin oder Nutzer, sind in einer hervorragenden Position, um diese Reise mitzugestalten und von den Möglichkeiten, die sie bietet, zu profitieren. Seien Sie bereit, sich den Herausforderungen zu stellen und die Chancen zu ergreifen, die sich in der Zukunft des Bitcoin-Minings bieten.

Während wir den Horizont abstecken und die möglichen Trends und Entwicklungen betrachten, kann es von Vorteil sei, dass Sie als fortgeschrittener Miner nicht nur auf der Empfängerseite dieser Veränderungen stehen. Sie haben die Macht und die Fähigkeiten, aktiv an der Gestaltung dieser Zukunft mitzuwirken. Durch die Teilnahme an Diskussionen, den Austausch von Wissen und die Einbringung Ihrer eigenen Ideen können Sie dazu beitragen, die Richtung des Bitcoin-Minings zu bestimmen.

Dieses Mitgestalten ist kein abstraktes Konzept. Es kann so praktisch sein wie die Verbesserung Ihres eigenen Mining-Setups, die Erprobung neuer Hardware oder die Erforschung innovativer Energiequellen. Oder es könnte bedeuten, sich aktiv an Debatten über regulatorische Fragen zu beteiligen oder sich mit anderen Minern zu vernetzen, um Erfahrungen auszutauschen und voneinander zu lernen.

Vergessen Sie auch nicht die Bedeutung der kontinuierlichen Bildung. Die Welt des Bitcoin-Minings ist dynamisch und schnelllebig, und es ist entscheidend, stets über die neuesten technischen Entwicklungen, Forschungsergebnisse und Markttrends auf dem Laufenden zu bleiben. Investieren Sie Zeit in den Besuch von Konferenzen, Webinaren und Kursen, die Ihnen helfen, Ihr Wissen zu vertiefen und auf dem neuesten Stand zu bleiben.

Die Rolle von Gemeinschaften und Netzwerken darf auch nicht unterschätzt werden. Egal ob es sich um Online-Foren, lokale Meetups oder internationale Konferenzen handelt, der Austausch mit anderen Personen, die sich für Bitcoin-Mining interessieren, kann eine unschätzbare Quelle von Wissen und Unterstützung sein. Zudem ermöglicht es Ihnen, Ihre eigenen

Erfahrungen und Erkenntnisse zu teilen und so zur kollektiven Weisheit der Community beizutragen.

Nehmen Sie sich auch die Zeit, über den Tellerrand hinauszuschauen. Bitcoin-Mining ist nur ein Teil der breiteren Krypto- und Blockchain-Landschaft, und es gibt viele spannende Entwicklungen in verwandten Bereichen, die sich auf das Mining auswirken könnten. Ob es sich um Fortschritte in der Distributed-Ledger-Technologie, neue Anwendungen für Smart Contracts oder innovative Formen der Tokenisierung handelt, all diese Elemente können wertvolle Einblicke in die potenzielle Zukunft des Bitcoin-Minings liefern.

Die Zukunft des Bitcoin-Minings wird zweifellos viele Herausforderungen mit sich bringen, von technischen Hürden über regulatorische Unsicherheiten bis hin zu Fragen der Nachhaltigkeit. Doch jede dieser Herausforderungen bietet auch eine Chance – eine Chance, zu lernen, zu wachsen und einen Beitrag zur Weiterentwicklung des Feldes zu leisten.

Wenn wir in die Zukunft des Bitcoin-Minings blicken, stehen wir vor einer Landschaft voller Möglichkeiten. Es liegt an Ihnen, als Fortgeschrittene im Bereich Bitcoin-Mining, diese Möglichkeiten zu erkennen, sich ihnen zu stellen und sie zu nutzen. Die Reise mag unsicher sein, doch sie ist auch voller Potenzial und bietet die Chance, aktiv an der Gestaltung des nächsten Kapitels der Bitcoin-Geschichte mitzuwirken. Nutzen Sie diese Chance mit Weitblick und Entschlossenheit.

Bitcoin und Quantencomputer

Die Auswirkung von Quantencomputern auf Bitcoin

Die Debatte über die Auswirkungen von Quantencomputern auf Bitcoin ist seit einiger Zeit im Gange und hat sowohl sachliche Analysen als auch hochfliegende Spekulationen hervorgerufen. Eines vorweg: Es gibt kein einfaches Schwarz-Weiß-Szenario. Der Einfluss von Quantencomputern auf Bitcoin ist ein komplexes Thema, das eine tiefe technische Kenntnis erfordert und auf viele Variablen ankommt.

Beginnen wir mit dem Kern der Diskussion: Quantencomputer sind Maschinen, die Quantenmechanik nutzen, um Berechnungen durchzuführen. Im Vergleich zu herkömmlichen Computern haben sie das Potenzial, bestimmte Arten von Berechnungen wesentlich schneller durchzuführen. Dazu gehören auch solche, die für die Kryptographie relevant sind, die Grundlage der Sicherheit in Bitcoin und anderen Kryptowährungen.

Das Bitcoin-Netzwerk stützt sich auf die Schwierigkeit bestimmter kryptographischer Probleme, um seine Sicherheit zu gewährleisten. Zum Beispiel basiert die Sicherheit der Bitcoin-Adressen auf der Schwierigkeit des Findens der privaten Schlüssel, die zu einer bestimmten öffentlichen Adresse passen. Mit herkömmlichen Computern wäre es praktisch unmöglich, einen solchen privaten Schlüssel durch bloßes Raten zu ermitteln. Aber ein leistungsfähiger

Quantencomputer könnte in der Theorie diese Aufgabe viel schneller bewältigen.

Sollten Quantencomputer also realisiert werden, die stark genug sind, diese Aufgaben effektiv zu lösen, könnte das die Sicherheit von Bitcoin und anderen Kryptowährungen gefährden. Doch während das Szenario ernst zu nehmen ist, sind wir noch weit davon entfernt, in der Realität anzukommen. Quantencomputer sind derzeit noch in der experimentellen Phase und es wird noch einige Zeit dauern, bis sie leistungsfähig und praktisch genug sind, um reale Bedrohungen darzustellen.

Zudem ist die Bitcoin-Community keineswegs untätig angesichts dieser potenziellen Bedrohung. Es gibt bereits Diskussionen und Forschungen darüber, wie das Bitcoin-Netzwerk quantensicher gemacht werden kann. Eine Möglichkeit besteht darin, neue kryptographische Algorithmen zu implementieren, die gegen Angriffe durch Quantencomputer resistent sind. Solche Algorithmen sind bereits Gegenstand aktueller Forschung und könnten in Zukunft in das Bitcoin-Protokoll integriert werden.

Trotzdem müssen wir vorsichtig sein, um keine übermäßige Angst zu schüren. Es ist noch unklar, wann und in welchem Umfang Quantencomputer zur Verfügung stehen werden und ob sie tatsächlich in der Lage sein werden, die kryptographische Sicherheit von Bitcoin zu brechen. Die Unsicherheit über die Zukunft der Quantencomputertechnologie sollte uns jedoch nicht davon abhalten, proaktiv zu sein und Möglichkeiten zur Verbesserung der Quantenresistenz in Betracht zu ziehen.

Neben der direkten Bedrohung der kryptographischen Sicherheit könnten Quantencomputer auch Auswirkungen auf andere Aspekte des Bitcoin-Netzwerks haben. Beispielsweise könnten sie den Mining-Prozess beeinflussen. Derzeit basiert das Bitcoin-Mining auf dem Lösen von Rätseln, die eine gewisse Rechenleistung erfordern. Ein Quantencomputer könnte in der Lage sein, diese Rätsel viel schneller zu lösen, was den Mining-Prozess und die Dynamik des Netzwerks verändern könnte.

Es ist jedoch von Bedeutung zu erwähnen, dass auch hier die Realität komplex ist. Quantencomputer sind nicht einfach "schnellere" Versionen von herkömmlichen Computern. Sie arbeiten auf einer völlig anderen Grundlage und sind nicht unbedingt effizienter bei allen Arten von Berechnungen. Es ist daher nicht garantiert, dass sie das Bitcoin-Mining revolutionieren werden, selbst wenn sie leistungsfähig genug sind, die kryptographische Sicherheit zu brechen.

Im Hinblick auf den möglichen Einfluss von Quantencomputern auf Bitcoin und andere Kryptowährungen müssen wir auch die wirtschaftlichen und gesellschaftlichen Auswirkungen berücksichtigen. Die Entwicklung und Implementierung von Quantencomputern wird nicht nur technische, sondern auch erhebliche finanzielle Ressourcen erfordern. Wer wird diese Ressourcen kontrollieren? Wie werden sie verteilt? Diese Fragen haben Auswirkungen auf die Balance und das Kräfteverhältnis innerhalb des Bitcoin-Netzwerks und darüber hinaus.

Zusammenfassend lässt sich sagen, dass Quantencomputer das Potenzial haben, erhebliche Auswirkungen auf Bitcoin und andere Kryptowährungen zu haben. Doch wir stehen erst am

Anfang dieser Reise, und es ist noch viel Unbekanntes zu erforschen und zu verstehen. Es liegt an uns, auf diese Herausforderungen vorbereitet zu sein und gleichzeitig die unglaublichen Möglichkeiten zu erkennen, die diese neue Technologie mit sich bringt. Im Bitcoin-Ökosystem, das immer Innovationen gefördert und neue Technologien adaptiert hat, besteht kein Zweifel, dass wir in der Lage sein werden, den Herausforderungen, die Quantencomputer stellen könnten, zu begegnen und sie zu meistern.

Vorhersagen für die Zukunft

Wenn es um die Zukunft von Bitcoin geht, bewegen wir uns auf unbekanntes Terrain. Kryptowährungen sind ein relativ neues Phänomen, und wir beginnen gerade erst, ihre langfristigen Auswirkungen auf Wirtschaft, Gesellschaft und Technologie zu verstehen. Es gibt jedoch einige Trends und Entwicklungen, die uns Hinweise darauf geben können, wohin die Reise gehen könnte.

Zunächst einmal zeigt der bisherige Verlauf von Bitcoin, dass es eine bemerkenswerte Fähigkeit hat, sich anzupassen und zu überleben. Trotz zahlreicher Herausforderungen und Kontroversen ist Bitcoin stärker und relevanter denn je. Diese Widerstandsfähigkeit ist ein gutes Zeichen für seine Zukunftsfähigkeit.

Einer der Schlüsseltrends, die die Zukunft von Bitcoin prägen könnten, ist die zunehmende institutionelle Akzeptanz. Große Finanzinstitutionen, die Bitcoin einst als Spekulation oder gar Betrug abgetan haben, nehmen es nun ernst. Dies zeigt sich in

Investitionen in Bitcoin von Hedgefonds und Vermögensverwaltungen, der Einführung von Bitcoin-Futures und -Optionen an großen Börsen und sogar der Erwägung von Bitcoin-ETFs.

Ein weiterer Trend ist die zunehmende Integration von Bitcoin in bestehende Finanzsysteme und Zahlungsinfrastrukturen. Dienstleistungen wie Bitcoin-Zahlungsgateways und -Karten machen es immer einfacher, Bitcoin im Alltag zu verwenden. Gleichzeitig entstehen neue Dienstleistungen und Geschäftsmodelle rund um Bitcoin, von Krypto-Krediten bis hin zu dezentralisierten Finanzen (DeFi).

Das Potenzial von Bitcoin als "digitales Gold" ist ein weiterer Faktor, der seine Zukunft prägen könnte. Viele Investoren sehen Bitcoin als Wertspeicher und Absicherung gegen Inflation und Finanzinstabilität. Diese Rolle könnte sich in Zeiten von Wirtschaftskrisen oder geopolitischen Spannungen verstärken.

Auf der technologischen Seite gibt es mehrere Entwicklungen, die Auswirkungen auf Bitcoin haben könnten. Die Weiterentwicklung von Quantencomputern, die wir bereits diskutiert haben, ist eine davon. Eine weitere ist die Weiterentwicklung des Bitcoin-Protokolls selbst, wie die Implementierung des Lightning Networks für schnellere und kostengünstigere Transaktionen.

Gleichzeitig gibt es auch Herausforderungen und Risiken für die Zukunft von Bitcoin. Regulierungsdruck ist ein ständiges Anliegen. Während einige Regulierung gut für Bitcoin sein kann, indem sie Klarheit und Vertrauen schafft, könnten übermäßig strenge oder unsachgemäße Regulierungen seine Entwicklung hemmen oder verzerrte Anreize schaffen.

Um diese Trends und Herausforderungen zu navigieren, wird eine aktive und engagierte Community benötigt. Die Bitcoin-Community ist bekannt für ihre Leidenschaft und ihr Engagement, und diese Qualitäten werden in der Zukunft noch wichtiger sein. Es liegt an der Community, Bitcoin zu pflegen und zu schützen, neue Entwicklungen zu fördern und auf neue Herausforderungen zu reagieren.

Es gibt auch andere Faktoren, die die Zukunft von Bitcoin beeinflussen könnten, die schwieriger vorherzusagen sind. Dazu gehören geopolitische Ereignisse, technologische Durchbrüche, makroökonomische Trends und Veränderungen in der öffentlichen Wahrnehmung und Akzeptanz von Kryptowährungen. Jeder dieser Faktoren kann auf unerwartete Weise das Schicksal von Bitcoin beeinflussen.

Im Großen und Ganzen ist die Zukunft von Bitcoin vielversprechend, aber ungewiss. Es hat das Potenzial, die Art und Weise, wie wir über Geld und Finanzen denken, zu revolutionieren. Es hat auch das Potenzial, auf spektakuläre Weise zu scheitern. Aber was auch immer die Zukunft bringt, eines ist sicher: Bitcoin hat bereits einen unauslöschlichen Einfluss auf die Welt gehabt und wird weiterhin für spannende Debatten, Innovationen und Entwicklungen sorgen. Wie auch immer die Zukunft aussieht, es wird spannend, sie zu beobachten.

Bitcoin Lightning Netzwerk

Funktion und Anwendung des Lightning Netzwerks

Das Lightning-Netzwerk ist eine der aufregendsten Entwicklungen in der Bitcoin-Welt. Es handelt sich dabei um eine sogenannte "Second Layer"-Lösung, die auf der Bitcoin-Blockchain aufbaut und es ermöglicht, schnelle und kostengünstige Transaktionen durchzuführen. Dieses Kapitel widmet sich der Funktion und Anwendung des Lightning Netzwerks.

Zum besseren Verständnis betrachten wir zunächst die grundlegende Funktionsweise des Lightning-Netzwerks. Es basiert auf dem Konzept der Zahlungskanäle, die zwischen zwei Parteien eröffnet werden. Innerhalb dieses Kanals können unbegrenzt viele Transaktionen durchgeführt werden, ohne dass jede einzelne Transaktion auf der Blockchain verifiziert werden muss. Dies ermöglicht eine enorme Geschwindigkeitssteigerung und Kostenreduktion.

Für den Aufbau eines solchen Zahlungskanals wird eine Transaktion auf der Bitcoin-Blockchain durchgeführt, die als "Opening Transaction" bezeichnet wird. Beide Parteien zahlen einen bestimmten Betrag in diesen Kanal ein. Anschließend können sie unbegrenzt viele Transaktionen durchführen, indem sie einfach die Verteilung des im Kanal vorhandenen Geldes untereinander ändern.

Wenn der Zahlungskanal geschlossen werden soll, wird eine weitere Transaktion auf der Blockchain durchgeführt, die "Closing Transaction". Diese zeigt die endgültige Verteilung des Geldes im Kanal an. Die Blockchain muss also nur für das Öffnen und Schließen des Kanals verwendet werden, nicht für jede einzelne Transaktion. Das ist die Grundlage der Effizienz des Lightning Netzwerks.

Es wird noch besser: Durch die Verwendung von "Routen" können Zahlungen zwischen Parteien durchgeführt werden, die keinen direkten Zahlungskanal miteinander haben. Solange eine Kette von Zahlungskanälen existiert, die die beiden Parteien verbindet, kann eine Zahlung durchgeführt werden. Dies ermöglicht ein Netzwerk von Zahlungskanälen, das das Lightning-Netzwerk bildet.

Nun zur Anwendung des Lightning Netzwerks. Eine der offensichtlichsten Anwendungen ist die Durchführung von Mikrotransaktionen. Da die Transaktionskosten im Lightning-Netzwerk extrem niedrig sind, ist es möglich, sehr kleine Beträge zu senden, die auf der Hauptblockchain von Bitcoin unpraktisch wären.

Dies öffnet eine Vielzahl von Möglichkeiten. Zum Beispiel könnten Content-Ersteller für jeden Klick oder jedes Like bezahlt werden. Oder Sie könnten für jede Minute, die Sie ein Online-Spiel spielen, eine kleine Menge Bitcoin verdienen. Die Möglichkeiten sind nahezu unbegrenzt.

Ein weiterer Anwendungsbereich ist das Streaming von Geld. Statt einmalige Zahlungen zu leisten, könnten Sie kontinuierlich kleine Beträge senden. Dies könnte zum Beispiel für Abonnements nützlich sein, bei denen Sie nur für die tatsächliche Nutzungsdauer bezahlen.

Darüber hinaus könnte das Lightning-Netzwerk die Akzeptanz von Bitcoin als Zahlungsmethode erhöhen. Der Hauptnachteil der Verwendung von Bitcoin für alltägliche Transaktionen ist die Wartezeit für die Bestätigung von Transaktionen und die hohen Transaktionskosten. Durch die Beseitigung dieser Hindernisse könnte das Lightning-Netzwerk dazu beitragen, dass Bitcoin in Geschäften und Online-Händlern weit verbreitet wird.

Ein weiterer möglicher Anwendungsbereich ist die Interoperabilität zwischen verschiedenen Kryptowährungen. Mit dem richtigen Design könnten Zahlungskanäle zwischen verschiedenen Blockchains eingerichtet werden, was nahtlose Transaktionen zwischen verschiedenen Kryptowährungen ermöglichen würde.

Das Lightning-Netzwerk ist jedoch noch in der Entwicklung und es gibt noch einige technische und sicherheitsrelevante Herausforderungen zu bewältigen. Trotzdem ist das Potenzial enorm und es könnte einen wesentlichen Beitrag zur Skalierbarkeit und Nutzbarkeit von Bitcoin leisten.

Es bleibt spannend, wie sich das Lightning-Netzwerk weiterentwickeln wird und welche neuen Anwendungen und Geschäftsmodelle daraus entstehen werden. Für jeden, der sich ernsthaft mit Bitcoin beschäftigt, ist es unerlässlich, die Entwicklung und das Potenzial des Lightning Netzwerks zu verstehen.

Das Lightning-Netzwerk ist nicht nur eine technische Innovation, sondern auch ein spannendes Experiment im Bereich der sozialen und wirtschaftlichen Systeme. Es verspricht, eine neue Art von Zahlungsinfrastruktur zu schaffen, die auf Peer-to-Peer-Beziehungen basiert, anstatt auf zentralisierten Institutionen. Dies könnte dazu beitragen,

Finanzdienstleistungen für Menschen in Regionen zu eröffnen, die bisher keinen Zugang zu traditionellen Bankdienstleistungen haben.

Diese dezentrale und Peer-to-Peer-Natur des Lightning-Netzwerks bietet auch eine spannende Gelegenheit für Experimente mit neuen Arten von Geschäftsmodellen und Anwendungen. Beispielsweise könnte das Konzept des "Streaming-Geldes" eine neue Art von Arbeitsverhältnis ermöglichen, bei dem Arbeiter kontinuierlich bezahlt werden, während sie arbeiten, anstatt warten zu müssen, bis das Ende des Zahlungszeitraums erreicht ist.

Es gibt auch Überlegungen, wie das Lightning-Netzwerk dazu beitragen kann, das Problem der finanziellen Privatsphäre zu lösen. Da Transaktionen innerhalb eines Zahlungskanals nicht auf der Hauptblockchain aufgezeichnet werden, könnten sie theoretisch vor neugierigen Blicken verborgen bleiben. Allerdings ist dieses Thema komplex und es gibt noch viele offene Fragen und Herausforderungen in Bezug auf die Privatsphäre im Lightning-Netzwerk.

Trotz des Potenzials des Lightning Netzwerks müssen wir uns auch der möglichen Risiken bewusst sein. Einige Kritiker haben Bedenken hinsichtlich der möglichen Zentralisierung des Netzwerks geäußert. Da die Einrichtung von Zahlungskanälen Kapital erfordert, könnten große Unternehmen oder Institutionen, die in der Lage sind, eine große Anzahl von Kanälen zu eröffnen, eine dominierende Position im Netzwerk einnehmen.

Es gibt auch technische Herausforderungen, wie z. B. die Frage, wie man mit Situationen umgeht, in denen eine der Parteien in einem Zahlungskanal offline geht. Zudem bleibt das

Problem der Routing-Optimierung – also die Frage, welchen Weg eine Zahlung durch das Netzwerk nehmen sollte – eine aktive Forschungsfrage.

Nicht zuletzt ist es eine offene Frage, wie das Lightning-Netzwerk mit regulatorischen Anforderungen umgehen wird. Wie können oder sollten die geltenden Finanzgesetze auf ein solches dezentrales System angewendet werden? Wie wird die regulatorische Landschaft in verschiedenen Ländern die Entwicklung und Adoption des Lightning Netzwerks beeinflussen?

Diese Fragen und Herausforderungen sind Teil dessen, was das Lightning-Netzwerk so spannend und relevant für jeden Bitcoin-Profi macht. Trotz der Ungewissheiten ist jedoch klar, dass das Lightning-Netzwerk das Potenzial hat, das Gesicht von Bitcoin und der gesamten Kryptowährungslandschaft tiefgreifend zu verändern. Es lohnt sich daher, seine Entwicklung genau zu verfolgen und seine Funktionsweise zu verstehen. Daher bietet es einen weiteren Schritt in Ihrer Reise zum Verständnis und zur Beherrschung der fortgeschrittenen Konzepte von Bitcoin.

Möglichkeiten und Risiken des Lightning Netzwerks

Das Lightning-Netzwerk ist eine revolutionäre Technologie im Bitcoin-Ökosystem, die die Art und Weise, wie wir Transaktionen durchführen, neu definiert. Es bietet eine schnelle und kostengünstige Möglichkeit, Bitcoin-Transaktionen durchzuführen und öffnet neue Türen für zukünftige Innovationen. Aber wie bei jeder neuen Technologie bringt das Lightning-Netzwerk auch seine eigenen Herausforderungen und Risiken mit sich.

Die Geschwindigkeit und Effizienz des Lightning Netzwerks ist ein klarer Vorteil. Im Gegensatz zur Haupt-Bitcoin-Blockchain, die dazu neigt, langsam und kostspielig zu sein, ermöglicht das Lightning-Netzwerk fast sofortige Transaktionen zu einem Bruchteil der Kosten. Diese Verbesserung in Geschwindigkeit und Kosten könnte die Akzeptanz und Nutzung von Bitcoin als Zahlungsmittel erheblich erweitern.

Ein weiterer Vorteil des Lightning-Netzwerks ist die Fähigkeit, Micropayments zu verarbeiten. Dies könnte neue Arten von Anwendungen und Dienstleistungen ermöglichen, die auf Micropayments basieren, von Inhalten, die pro Sekunde gestreamt werden, bis hin zu Internet-of-Things-Geräten, die für die Dienstleistungen, die sie nutzen, direkt bezahlen.

Auf der technischen Seite könnte das Lightning-Netzwerk auch dazu beitragen, die Skalierbarkeitsprobleme der Bitcoin-Blockchain zu lindern. Da die meisten Transaktionen off-chain stattfinden, könnte das Lightning-Netzwerk dazu beitragen, die Last auf der Hauptblockchain zu reduzieren und ihre Leistung und Kapazität zu verbessern.

Allerdings gibt es auch erhebliche Risiken und Herausforderungen im Zusammenhang mit dem Lightning-Netzwerk. Eines der Hauptprobleme ist die Frage der Zentralisierung. Da die Eröffnung von Zahlungskanälen eine gewisse Menge an Bitcoin erfordert, besteht die Sorge, dass das Lightning-Netzwerk dazu neigen könnte, sich um große Zahlungskanäle zu zentralisieren, die von wenigen großen

Spielern kontrolliert werden. Dies könnte zu einem System führen, das eher einem traditionellen Finanzsystem ähnelt als der dezentralen Vision, die Bitcoin zugrunde liegt.

Ein weiteres technisches Problem ist die Frage des Routings. Da das Lightning-Netzwerk auf einem Netzwerk von Zahlungskanälen basiert, muss eine Zahlung möglicherweise über mehrere Kanäle geleitet werden, um ihr Ziel zu erreichen. Die Auswahl des optimalen Pfades ist ein komplexes Problem, das noch nicht vollständig gelöst ist.

Hinzu kommt das Risiko von Angriffen auf das Netzwerk. Da Transaktionen im Lightning-Netzwerk nicht sofort auf der Blockchain verifiziert werden, könnte ein Angreifer versuchen, einen alten Kanalzustand zu veröffentlichen, um unrechtmäßig Gelder zu beanspruchen. Es gibt zwar Mechanismen, um solche Angriffe zu verhindern, aber sie erfordern eine ständige Online-Präsenz und Wachsamkeit.

Trotz dieser Herausforderungen bietet das Lightning-Netzwerk enorme Möglichkeiten. Es erfordert jedoch ein sorgfältiges Verständnis und eine sorgfältige Überwachung, um sicherzustellen, dass seine Vorteile realisiert und seine Risiken beherrscht werden können. Es ist ein lebendiges Beispiel für die Komplexität und das Potenzial von Bitcoin und ist ein weiterer Meilenstein auf Ihrem Weg zur Beherrschung der fortgeschrittenen Bitcoin-Konzepte. Das Lightning-Netzwerk ist ein Beweis für die ständige Innovation und das Streben nach Verbesserung in der Bitcoin-Community und ein faszinierendes Feld für jeden, der tief in die Welt von Bitcoin eintauchen möchte.

Datenschutz und Bitcoin

Anonymität und Bitcoin-Transaktionen

Anonymität und Privatsphäre sind grundlegende Aspekte des Bitcoin-Ökosystems, die oft missverstanden werden. In diesem Abschnitt werden wir die feinen Unterschiede und Nuancen von Anonymität und Privatsphäre in Bezug auf Bitcoin-Transaktionen diskutieren und verstehen, was das für Sie als Nutzer bedeutet.

In der Grundform ist Bitcoin pseudonym und nicht anonym. Das bedeutet, dass jede Transaktion, die auf der Bitcoin-Blockchain stattfindet, öffentlich einsehbar ist und mit einer Bitcoin-Adresse verbunden ist. Diese Adresse ist jedoch nicht direkt mit der Identität einer realen Person verknüpft. Daher das Prädikat "pseudonym".

Die Transaktionshistorie, die sich auf der Blockchain befindet, kann von jedem eingesehen werden, was zu Transparenz und Sicherheit führt. Dies bedeutet jedoch auch, dass, wenn jemandem die Verknüpfung zwischen einer Bitcoin-Adresse und einer realen Identität bekannt wird, diese Person die gesamte Transaktionshistorie dieser Adresse einsehen kann.

Eines der Hauptanliegen in Bezug auf die Privatsphäre bei Bitcoin-Transaktionen betrifft die Verwendung von Adressen. Jede Bitcoin-Adresse sollte idealerweise nur für eine einzige Transaktion verwendet werden. Die Wiederverwendung von Adressen kann das Risiko erhöhen, dass Ihre Identität mit Ihren Bitcoin-Transaktionen in Verbindung gebracht wird.

Eine Methode, um die Privatsphäre bei Bitcoin-Transaktionen zu erhöhen, sind sogenannte Mixing-Services. Diese Dienste mischen die Bitcoins von vielen Nutzern zusammen und senden sie dann an neue Adressen, um die Verfolgung der Ursprungsadresse zu erschweren. Es sollte jedoch beachtet werden, dass die Verwendung solcher Dienste auch Risiken birgt, einschließlich des Vertrauens in den Anbieter des Mixing-Services.

Eine weitere Methode zur Verbesserung der Privatsphäre ist die CoinJoin-Technik. Bei dieser Methode werden mehrere Transaktionen zu einer einzigen Transaktion zusammengefügt, wodurch es schwieriger wird, einzelne Zahlungsströme zu verfolgen.

Es ist auch erwähnenswert, dass neue Technologien und Protokolle entwickelt werden, um die Privatsphäre und Anonymität von Bitcoin-Transaktionen zu verbessern. Ein Beispiel ist das Taproot-Upgrade, das darauf abzielt, die Privatsphäre zu erhöhen, indem es alle Transaktionen gleich aussehen lässt.

Jedoch trotz all dieser Maßnahmen und Techniken ist es entscheidend zu verstehen, dass absolute Anonymität bei Bitcoin-Transaktionen sehr schwierig zu erreichen ist. Die Natur der Blockchain macht es nahezu unmöglich, Transaktionen vollständig zu anonymisieren.

Dies bedeutet nicht, dass Ihre Transaktionen notwendigerweise einfach nachverfolgt werden können, sondern vielmehr, dass ein hohes Maß an Sorgfalt und Verständnis erforderlich ist, um Ihre Privatsphäre bei der Durchführung von Bitcoin-Transaktionen zu wahren.

Grundsätzlich erfordert der Schutz Ihrer Privatsphäre und Anonymität im Bitcoin-Netzwerk eine aktive Anstrengung und ein Verständnis der verschiedenen Techniken und Methoden, die verfügbar sind. Es ist ein integraler Bestandteil der fortgeschrittenen Nutzung von Bitcoin und ein Bereich, der ständig weiterentwickelt wird.

Denken Sie daran, dass die Anonymität und Privatsphäre in der Bitcoin-Welt ein Balanceakt ist. Es liegt in Ihrer Hand, Ihre Transaktionen so privat wie möglich zu gestalten. Es ist daher wichtig, die Auswirkungen jeder Transaktion, die Sie durchführen, zu verstehen und die richtigen Vorsichtsmaßnahmen zu treffen, um Ihre Anonymität zu wahren.

Die Anonymität und Privatsphäre in der Bitcoin-Welt ist ein komplexes und sich ständig weiterentwickelndes Feld. Es erfordert sowohl technisches Verständnis als auch die Bereitschaft, proaktiv zu handeln, um Ihre Privatsphäre zu schützen. Es ist ein entscheidender Aspekt der fortgeschrittenen Bitcoin-Nutzung und ein Bereich, den jeder, der tief in die Welt von Bitcoin eintaucht, gründlich erforschen sollte.

Auf der Suche nach einer verstärkten Privatsphäre sind Sie möglicherweise auch auf das Konzept der Off-Chain-Transaktionen gestoßen. Dies sind Transaktionen, die außerhalb der Bitcoin-Blockchain stattfinden, und daher nicht direkt nachverfolgt werden können. Dienste wie das bereits erwähnte Lightning-Netzwerk nutzen dieses Konzept, um die Skalierbarkeit von Bitcoin zu verbessern und gleichzeitig ein gewisses Maß an Privatsphäre zu bieten.

Es gibt auch Konzepte wie das Zero-Knowledge-Proof, ein kryptographisches Verfahren, bei dem eine Partei einer anderen Partei beweisen kann, dass sie bestimmte Informationen kennt, ohne diese Informationen preiszugeben. Während Zero-Knowledge-Proofs noch nicht in großem Umfang in Bitcoin implementiert wurden, werden sie in anderen Kryptowährungen wie Zcash verwendet und könnten in der Zukunft möglicherweise dazu beitragen, die Anonymität und Privatsphäre von Bitcoin zu verbessern.

Man darf jedoch nicht vergessen, dass das Streben nach Anonymität und Privatsphäre auch einige Herausforderungen mit sich bringt. An erster Stelle steht die Regulierung. Während einige Länder die Nutzung von Bitcoin und anderen Kryptowährungen vollständig legalisiert haben, haben andere strenge Regulierungen eingeführt, insbesondere in Bezug auf anonyme Transaktionen.

Deshalb ist es notwendig, sich ständig über die neuesten regulatorischen Entwicklungen in Ihrem Land oder Ihrer Region auf dem Laufenden zu halten. Auch sollten Sie sich über die potenziellen Konsequenzen im Klaren sein, wenn Sie sich entscheiden, Methoden zur Steigerung Ihrer Anonymität und Privatsphäre zu nutzen, die von den Behörden als potenzielle Mittel zur Geldwäsche oder zur Finanzierung illegaler Aktivitäten angesehen werden könnten.

Ein weiterer Aspekt ist, dass Sie beim Streben nach Anonymität und Privatsphäre die Sicherheit Ihrer Bitcoins nicht vernachlässigen dürfen. Dies bedeutet, dass Sie sicherstellen sollten, dass Ihre Wallets und Private Keys sicher aufbewahrt werden und dass Sie Vorsichtsmaßnahmen treffen, um vor

Phishing-Angriffen und anderen Formen des digitalen Diebstahls zu schützen.

Es ist klar, dass das Streben nach Anonymität und Privatsphäre im Bitcoin-Netzwerk keine leichte Aufgabe ist und ein fortgeschritteneres Verständnis des Bitcoin-Ökosystems erfordert. Es ist jedoch eine wichtige Facette von Bitcoin, die Sie nicht ignorieren sollten, wenn Sie sich auf dem Weg zur Bitcoin-Meisterschaft befinden.

Die Balance zwischen Anonymität, Privatsphäre und Einhaltung von Vorschriften kann schwierig sein, ist jedoch unerlässlich, um sicher und verantwortungsbewusst in der Bitcoin-Welt zu agieren. Und während die vollständige Anonymität möglicherweise unerreichbar ist, gibt es immer noch viele Strategien und Techniken, die Sie anwenden können, um die Kontrolle über Ihre eigenen Daten zu behalten und Ihre Privatsphäre zu schützen.

Um dies zu erreichen, müssen Sie stets auf dem neuesten Stand der Entwicklungen im Bereich der Bitcoin-Technologie bleiben und die Möglichkeiten und Risiken, die mit den verschiedenen verfügbaren Anonymisierungstechniken verbunden sind, vollständig verstehen. Nur so können Sie sicherstellen, dass Sie die besten Entscheidungen für Ihre spezielle Situation treffen.

In der Welt der Kryptowährungen, wo Veränderung die einzige Konstante ist, erfordert die Erhaltung der Anonymität und Privatsphäre ein hohes Maß an Anpassungsfähigkeit und kontinuierliches Lernen. Es ist jedoch ein Aufwand, der sich lohnt, wenn Sie die volle Kontrolle über Ihre finanzielle Souveränität in der digitalen Welt behalten möchten.

Rolle von CoinJoins und anderen Datenschutztechnologien

Wenn Sie die Anonymität und Privatsphäre Ihrer Bitcoin-Transaktionen erhöhen möchten, könnten CoinJoins und andere Datenschutztechnologien von Interesse sein. CoinJoin ist eine Methode zur Mischung von Transaktionen, bei der mehrere Benutzer ihre Transaktionen zu einer einzigen Transaktion zusammenfügen. Dies dient dazu, die Spur der einzelnen Transaktionen zu verschleiern und es für Außenstehende schwieriger zu machen, die Transaktionsverläufe der einzelnen Benutzer zu verfolgen.

Die CoinJoin-Methode wurde ursprünglich vorgeschlagen, um die Privatsphäre innerhalb des Bitcoin-Netzwerks zu erhöhen, indem sie die Herkunft der Transaktionen verschleiert. Die Idee ist, dass es schwieriger wird, Transaktionen zu verfolgen, wenn viele verschiedene Inputs und Outputs in einer einzigen Transaktion zusammengeführt werden.

Dienste wie Wasabi und Samourai Wallet haben CoinJoin in ihren Wallets integriert und bieten Benutzern eine einfache Möglichkeit, ihre Transaktionen zu mischen und ihre Privatsphäre zu verbessern. Diese Wallets ermöglichen es Benutzern, ihre Transaktionen mit denen anderer Benutzer zu mischen, was dazu führt, dass die Transaktionskette weniger eindeutig und daher schwieriger zu verfolgen ist.

Es ist jedoch zu beachten, dass die Verwendung von CoinJoin und ähnlichen Diensten nicht unfehlbar ist. Während sie dazu beitragen können, die Privatsphäre zu verbessern, können sie auch Risiken mit sich bringen. Dazu gehören unter anderem das Risiko, dass die anderen Teilnehmer an der CoinJoin-Transaktion unehrlich sind oder dass der Dienst selbst kompromittiert wird.

Neben CoinJoin gibt es auch andere Datenschutztechnologien, die im Bitcoin-Ökosystem zum Einsatz kommen. Eine davon ist Confidential Transactions. Diese Technologie zielt darauf ab, die Beträge, die in Bitcoin-Transaktionen gesendet werden, zu verschleiern. Dies wird erreicht, indem kryptographische Techniken verwendet werden, um die Beträge in den Transaktionen zu verschlüsseln, so dass nur die Beteiligten die tatsächlichen Beträge sehen können.

Eine weitere Datenschutztechnologie ist das Mimblewimble-Protokoll. Dieses Protokoll, das nach einem Zauberspruch aus der Harry-Potter-Reihe benannt ist, zielt darauf ab, sowohl die Beträge in Transaktionen als auch die Identitäten der Sender und Empfänger zu verschleiern. Es ist jedoch zu beachten, dass Mimblewimble nicht direkt mit Bitcoin kompatibel ist und derzeit nur in separaten Kryptowährungen wie Grin und Beam verwendet wird.

Ein weiteres Werkzeug zur Verbesserung der Privatsphäre in der Bitcoin-Welt ist das sogenannte Tor-Netzwerk. Tor ist ein Netzwerk zur Anonymisierung von Internetverbindungen, das dazu beiträgt, die IP-Adressen von Benutzern zu verschleiern. Durch die Verwendung von Bitcoin über das Tor-Netzwerk können Benutzer dazu beitragen, ihre Online-Identität und ihre Transaktionen zu verschleiern.

In der Regel tragen CoinJoins und andere Datenschutztechnologien dazu bei, die Privatsphäre im Bitcoin-Netzwerk zu stärken. Es ist jedoch von größter Bedeutung, sich über die möglichen Risiken und

Herausforderungen im Klaren zu sein, die mit der Verwendung dieser Technologien verbunden sind. Nur so können Sie fundierte Entscheidungen darüber treffen, wie Sie Ihre Bitcoin-Transaktionen am besten schützen und Ihre Privatsphäre in der digitalen Welt wahren können.

Vor diesem Hintergrund ist es unerlässlich, dass Sie die neuesten Entwicklungen in der Welt der Bitcoin-Privatsphäre aufmerksam verfolgen. Die Landschaft der Datenschutztechnologien ist ständig in Bewegung, und neue Technologien und Methoden werden ständig entwickelt. Es lohnt sich also, stets auf dem Laufenden zu bleiben, um Ihre Bitcoin-Transaktionen so sicher und privat wie möglich zu gestalten.

Es ist klar, dass Datenschutz und Anonymität zentrale Aspekte von Bitcoin und anderen Kryptowährungen sind. Mit dem richtigen Verständnis und den richtigen Tools können Sie diese Aspekte zu Ihrem Vorteil nutzen und gleichzeitig die Risiken minimieren. Es liegt an Ihnen, die Werkzeuge und Technologien zu nutzen, die Ihnen zur Verfügung stehen, und Ihre Privatsphäre und Sicherheit zu bewahren.

Es ist auch erwähnenswert, dass einige Bitcoin-Benutzer dazu neigen, Privacy Wallets wie Wasabi oder Samourai zu verwenden, die CoinJoin-Transaktionen ermöglichen. Diese Wallets bieten Benutzern eine benutzerfreundliche Möglichkeit, ihre Transaktionen zu mischen und ihre Spur zu verwischen. Allerdings ist es von entscheidender Bedeutung, sich daran zu erinnern, dass trotz des erhöhten Maßes an Privatsphäre, das durch solche Dienste erreicht wird, immer noch das Risiko besteht, dass die Benutzeridentität durch fortschrittliche Blockchain-Analysetechniken offenbart wird.

Darüber hinaus sollten Sie beachten, dass der Einsatz dieser Datenschutztechnologien möglicherweise rechtliche Konsequenzen haben kann. Einige Länder haben strengere Vorschriften hinsichtlich der Nutzung von Datenschutzwerkzeugen wie CoinJoin und Tor, und es ist Ihre Verantwortung, sicherzustellen, dass Sie die Gesetze Ihres Landes einhalten.

Des Weiteren ist es essenziell, die Privatsphäre im Kontext des Ökosystems zu betrachten, in dem Bitcoin existiert. Während die Blockchain-Technologie selbst die Grundlage für eine verbesserte Anonymität und Datenschutz bietet, können externe Faktoren, wie die Verwendung nicht sicherer Internetverbindungen oder die Preisgabe persönlicher Informationen, diese Privatsphäre untergraben.

Zusätzlich zu den oben genannten Datenschutztechnologien gibt es auch andere Anstrengungen zur Verbesserung der Privatsphäre im Bitcoin-Netzwerk. Beispiele dafür sind Technologien wie Dandelion, die darauf abzielen, die Anonymität zu verbessern, indem sie die Muster von Transaktionsverbreitungen in der Bitcoin-Netzwerktopologie verschleiern. Ebenso gibt es Bemühungen zur Implementierung von Schnorr-Signaturen in Bitcoin, was die Privatsphäre bei Multi-Signatur-Transaktionen und komplexeren Transaktionsstrukturen verbessern könnte.

In Bezug auf die Zukunft der Privatsphäre im Bitcoin-Netzwerk gibt es viele potenzielle Entwicklungen, die die Anonymität und Sicherheit von Bitcoin weiter stärken könnten. Technologien wie Taproot und Schnorr-Signaturen, die derzeit in der Entwicklung sind, könnten erhebliche Verbesserungen in Bezug auf die

Fähigkeit von Bitcoin bringen, komplexe Verträge zu erstellen, ohne dabei unnötige Informationen zu offenbaren.

Abschließend sei noch zu sagen, dass, obwohl Bitcoin von Natur aus pseudonym ist, es durchaus möglich ist, die Privatsphäre und Anonymität zu erhöhen, die das Netzwerk bietet. Durch das Verständnis und die richtige Anwendung von Technologien wie CoinJoins, Tor, Confidential Transactions und anderen Datenschutzwerkzeugen, können Sie die Kontrolle über Ihre finanziellen Informationen übernehmen und Ihre Privatsphäre in der Welt von Bitcoin und Kryptowährungen schützen.

Es ist eine spannende Zeit für Bitcoin und Kryptowährungen im Allgemeinen, und es bleibt abzuwarten, wie sich diese Technologien weiterentwickeln werden. Doch egal, welche Entwicklungen die Zukunft bringt, es ist sicher, dass Datenschutz und Anonymität weiterhin Schlüsselthemen in dieser revolutionären Technologie sein werden. Mit den richtigen Kenntnissen und Werkzeugen können Sie diese Aspekte zu Ihrem Vorteil nutzen und sich in der Welt der Kryptowährungen sicher und anonym bewegen.

Bitcoin und die rechtlichen Herausforderungen

Die Rechtsprechung rund um Bitcoin

Die Rechtsprechung rund um Bitcoin ist eine sich ständig entwickelnde Landschaft und hängt stark von den rechtlichen Rahmenbedingungen des jeweiligen Landes ab. Weltweit haben verschiedene Länder unterschiedliche Standpunkte zur Legalität und Regulierung von Bitcoin und anderen Kryptowährungen eingenommen.

In den Vereinigten Staaten zum Beispiel, wo die Kryptowährungsindustrie stark reguliert ist, hat die Securities and Exchange Commission (SEC) die Anbieter von Kryptowährungsdienstleistungen dazu aufgefordert, sich zu registrieren und die entsprechenden Sicherheitsprotokolle zu befolgen. Dieser regulatorische Rahmen hat zu einer breiten Palette von Gerichtsverfahren geführt, oft mit dem Ziel, betrügerische Aktivitäten im Zusammenhang mit Kryptowährungen zu bekämpfen.

In der Europäischen Union sind die Vorschriften ebenfalls weitgehend etabliert, wobei die Europäische Zentralbank (EZB) und andere Regulierungsbehörden strenge Richtlinien für Kryptowährungsunternehmen festgelegt haben. Diese Vorschriften beinhalten in der Regel die Notwendigkeit, die Regeln zur Bekämpfung der Geldwäsche (AML) und zur Kenntnis des Kunden (KYC) zu befolgen.

Es gibt jedoch auch viele Länder, in denen die rechtliche Stellung von Bitcoin weniger klar ist. In Ländern wie China und Indien wurden in der Vergangenheit widersprüchliche Botschaften in Bezug auf die Legalität von Bitcoin ausgesendet, was zu Verwirrung und Unsicherheit unter den Krypto-Nutzern geführt hat.

Unabhängig von der rechtlichen Stellung von Bitcoin in einem bestimmten Land, ist es unerlässlich, dass Sie Ihre rechtlichen Verpflichtungen verstehen, wenn Sie mit Bitcoin und anderen Kryptowährungen handeln. Dazu kann gehören, sicherzustellen, dass Sie alle anwendbaren Steuern auf Ihre Krypto-Einnahmen zahlen und die erforderlichen Aufzeichnungen für Steuerzwecke führen.

In Bezug auf die steuerlichen Verpflichtungen, müssen Bitcoin-Transaktionen in vielen Ländern gemeldet werden, und Gewinne aus dem Verkauf von Bitcoin können steuerpflichtig sein. Es ist daher ratsam, sich von einem qualifizierten Steuerberater beraten zu lassen, um sicherzustellen, dass Sie alle anwendbaren Steuergesetze einhalten.

Darüber hinaus sollte man sich auch der rechtlichen Risiken bewusst sein, die mit bestimmten Verwendungen von Bitcoin verbunden sind. Beispielsweise kann die Verwendung von Bitcoin für illegale Aktivitäten wie Geldwäsche oder den Kauf von illegalen Gütern zu strafrechtlichen Konsequenzen führen.

Auch die Rechtsprechung in Bezug auf die Haftung für Verluste oder Diebstähle von Bitcoin ist noch nicht vollständig geklärt. Während einige Gerichte bereit waren, Bitcoin als Eigentum anzuerkennen und den Diebstahl von Bitcoin als strafbares Delikt zu betrachten, ist es in vielen Fällen noch unklar, wie solche Fälle behandelt werden sollten.

Angesichts der sich schnell verändernden Landschaft der Bitcoin-Rechtsprechung ist es von entscheidender Bedeutung, auf dem Laufenden zu bleiben und sich regelmäßig über die neuesten rechtlichen Entwicklungen zu informieren. Dazu gehört auch, die Entscheidungen der Gerichte in Bezug auf Bitcoin und andere Kryptowährungen zu verfolgen, die dazu beitragen können, die Rechtslage zu klären und neue Präzedenzfälle zu schaffen.

Im Grunde lässt sich sagen, dass die Rechtsprechung rund um Bitcoin komplex und in ständiger Entwicklung ist. Durch ein tiefes Verständnis der geltenden Gesetze und Vorschriften in Ihrem Land und der fortgesetzten Beobachtung der rechtlichen Entwicklungen können Sie jedoch sicherstellen, dass Sie Bitcoin auf eine Weise nutzen, die sowohl legal als auch sicher ist. Es ist zu hoffen, dass mit der fortschreitenden Entwicklung der Kryptowährungstechnologie auch eine klarere und kohärentere Rechtsprechung folgen wird, die den Nutzern von Bitcoin mehr Sicherheit und Vertrauen in diese innovative Technologie bieten kann.

Vorbereiten auf zukünftige Rechtsfragen

Wenn Sie mit Bitcoin und anderen Kryptowährungen handeln, ist es unerlässlich, dass Sie sich auf zukünftige Rechtsfragen vorbereiten. Die Rechtslandschaft für Kryptowährungen verändert sich ständig, und es ist von entscheidender Bedeutung, dass Sie Ihre Rechte und Pflichten verstehen, um potenzielle rechtliche Probleme zu vermeiden.

Beginnen Sie mit der Grundlage: Verstehen Sie die Gesetze und Vorschriften Ihres Landes in Bezug auf Kryptowährungen. In vielen Ländern gelten strenge Vorschriften für Kryptowährungsunternehmen und für diejenigen, die Kryptowährungen für geschäftliche Zwecke verwenden. Stellen Sie sicher, dass Sie wissen, welche Gesetze für Sie gelten und wie Sie sie einhalten können.

Sie sollten sich auch über internationale Gesetze und Vorschriften im Klaren sein. Wenn Sie mit Menschen in anderen Ländern Geschäfte machen, könnten die Gesetze dieser Länder für Sie gelten. Sie sollten daher sicherstellen, dass Sie die internationalen Vorschriften in Bezug auf Kryptowährungen verstehen und einhalten.

In der Welt der Kryptowährungen ist es auch entscheidend, sich über die neuesten rechtlichen Entwicklungen und Gerichtsentscheidungen auf dem Laufenden zu halten. Diese können einen erheblichen Einfluss auf die Art und Weise haben, wie Sie Kryptowährungen verwenden und handeln, und sie können neue rechtliche Risiken und Verantwortlichkeiten mit sich bringen.

Denken Sie daran, dass das Nichtbefolgen der Gesetze und Vorschriften ernste Konsequenzen haben kann, einschließlich strafrechtlicher Verfolgung und erheblicher Geldstrafen. Es ist daher von größter Bedeutung, dass Sie alle notwendigen Schritte unternehmen, um sicherzustellen, dass Sie im Rahmen der Gesetze handeln.

Wenn Sie mit Kryptowährungen handeln oder diese verwenden, sollten Sie auch bedenken, dass Sie möglicherweise steuerpflichtig sind. In vielen Ländern müssen Sie Einkommen und Gewinne aus dem Handel mit

Kryptowährungen melden und Steuern darauf zahlen. Sie sollten daher sicherstellen, dass Sie eine genaue Aufzeichnung Ihrer Krypto-Transaktionen führen und alle erforderlichen Steuererklärungen rechtzeitig einreichen.

Darüber hinaus ist es ratsam, einen Rechtsbeistand in Anspruch zu nehmen, wenn Sie mit Kryptowährungen handeln oder diese für geschäftliche Zwecke verwenden. Ein Anwalt kann Ihnen helfen, die rechtlichen Risiken zu verstehen und Sie beraten, wie Sie diese minimieren können. Ein Anwalt kann Ihnen auch helfen, wenn Sie rechtliche Probleme haben, und Sie vor Gericht vertreten, wenn nötig.

Es ist auch klug, sich auf potenzielle Rechtsstreitigkeiten vorzubereiten. Es kann vorkommen, dass Sie in einen Rechtsstreit verwickelt werden, zum Beispiel, wenn Sie einen Vertrag abschließen, der auf einer Kryptowährung basiert, und es später zu einem Streit über die Einhaltung des Vertrags kommt. In solchen Fällen können Sie sich darauf vorbereiten, indem Sie sicherstellen, dass Ihre Verträge klar und eindeutig sind und dass Sie Beweise für alle vereinbarten Bedingungen und Transaktionen haben.

Zuletzt sollten Sie beachten, dass die Regulierung von Kryptowährungen in den kommenden Jahren wahrscheinlich strenger werden wird. Regierungen und internationale Organisationen weltweit bemühen sich, die Nutzung von Kryptowährungen zu überwachen und zu regulieren, um Betrug und andere illegale Aktivitäten zu bekämpfen. Dies könnte dazu führen, dass neue Gesetze und Vorschriften eingeführt werden, die sich auf die Art und Weise auswirken, wie Sie Kryptowährungen verwenden und handeln können.

Die Vorbereitung auf zukünftige Rechtsfragen erfordert Wachsamkeit, Bildung und Planung. Indem Sie sich über die Gesetze und Vorschriften in Bezug auf Kryptowährungen auf dem Laufenden halten, einen Rechtsbeistand in Anspruch nehmen und sich auf mögliche Rechtsstreitigkeiten vorbereiten, können Sie sich besser auf die Herausforderungen der Zukunft einstellen und sicherstellen, dass Sie im Einklang mit den Gesetzen handeln.

Es ist auch empfehlenswert, Netzwerke mit anderen in der Kryptowährungsgemeinschaft aufzubauen, um von ihren Erfahrungen und Kenntnissen zu lernen. Diskussionsforen, soziale Medien und Veranstaltungen bieten wertvolle Gelegenheiten, um auf dem neuesten Stand der Entwicklungen zu bleiben und verschiedene Perspektiven zu den sich entwickelnden Rechtsthemen zu hören.

Gleichzeitig ist es notwendig, Ihre eigenen Handlungen im Kontext der geltenden Vorschriften zu reflektieren. Ist Ihre Transaktion in Einklang mit den Anti-Geldwäsche-Gesetzen? Sind Ihre Identifikationsverfahren ausreichend? Haben Sie Ihre Due-Diligence-Prüfungen durchgeführt, wenn Sie mit unbekannten Parteien Geschäfte machen? Diese Fragen können Ihnen helfen, potenzielle Rechtsverstöße zu vermeiden.

Ein weiterer Schlüsselaspekt ist die Bewahrung Ihrer eigenen Rechte. Im Falle eines Rechtsstreits sollten Sie über die notwendigen Beweise verfügen, um Ihre Position zu stärken. Speichern Sie alle relevanten Transaktionsdaten, Korrespondenz und andere Informationen, die Ihnen helfen könnten, Ihren Fall zu präsentieren.

Es ist auch klug, die Auswirkungen einer möglichen Gesetzesänderung zu antizipieren. Betrachten Sie, wie Ihre

Aktivitäten durch neue Regulierungen betroffen sein könnten und entwickeln Sie einen Plan, wie Sie sich an diese anpassen können.

Es ist immer ratsam, die Hilfe von Fachleuten zu suchen, um Sie bei dieser Aufgabe zu unterstützen. Rechtsberater, die sich auf Kryptowährungen spezialisiert haben, können Sie bei der Navigation durch die komplexen und sich ständig ändernden rechtlichen Landschaft unterstützen.

Es ist auch zu bedenken, dass verschiedene Kryptowährungen unter verschiedene Rechtssysteme fallen könnten. Einige Kryptowährungen könnten als Wertpapiere eingestuft werden, andere als Währungen oder sogar als völlig neue Kategorien. Dies kann Auswirkungen auf die Art und Weise haben, wie Sie sie verwenden und welche Gesetze sie betreffen.

Denken Sie auch über die langfristige Zukunft nach. Wie könnten sich die Gesetze und Vorschriften in den nächsten fünf oder zehn Jahren ändern? Wie könnten diese Änderungen Ihre Krypto-Aktivitäten beeinflussen? Indem Sie vorbereitet sind und auf die Zukunft blicken, können Sie dafür sorgen, dass Sie nicht nur heute, sondern auch in den kommenden Jahren rechtlich abgesichert sind.

Die Vorbereitung auf zukünftige Rechtsfragen ist kein einmaliges Ereignis, sondern ein kontinuierlicher Prozess. Die Landschaft der Kryptowährungsregulierung ist dynamisch und verändert sich ständig. Indem Sie aktiv bleiben und auf dem Laufenden bleiben, können Sie sicherstellen, dass Sie immer gut vorbereitet sind, um auf Veränderungen zu reagieren und Ihre Krypto-Aktivitäten rechtskonform zu gestalten.

Zum Abschluss dieses Überblicks möchten wir betonen, dass die Rechtsprechung rund um Bitcoin und andere Kryptowährungen ein komplexes und sich ständig entwickelndes Gebiet ist. Um sich optimal auf zukünftige Rechtsfragen vorzubereiten, ist es unerlässlich, stets über aktuelle Gesetzgebungen und Gerichtsentscheide informiert zu bleiben und sich proaktiv auf mögliche Änderungen einzustellen. So können Sie die Risiken minimieren und die Chancen, die sich in der aufregenden Welt der Kryptowährungen bieten, optimal nutzen.

Bitcoin im globalen Finanzsystem

Bitcoin und der Währungsmarkt

Bitcoin hat seit seiner Einführung im Jahr 2009 eine erhebliche Aufmerksamkeit auf sich gezogen und stellt heute eine ernst zu nehmende Kraft auf dem globalen Währungsmarkt dar. Bitcoin und andere Kryptowährungen haben das traditionelle Verständnis von Währungen revolutioniert und neue Dynamiken in das globale Währungssystem gebracht.

Der Währungsmarkt, auch bekannt als Forex oder FX-Markt, ist der größte Finanzmarkt der Welt. Täglich werden auf ihm Devisen im Wert von Billionen von US-Dollar gehandelt. Historisch gesehen wurde der Währungsmarkt von Zentralbanken, kommerziellen Banken, institutionellen Anlegern und Großunternehmen dominiert. Mit der Einführung von Bitcoin hat sich dies jedoch verändert.

Im Gegensatz zu traditionellen Währungen, die von Zentralbanken ausgegeben und kontrolliert werden, ist Bitcoin dezentralisiert. Es gibt keine zentrale Behörde, die Bitcoin ausgibt oder seinen Wert steuert. Stattdessen wird der Wert von Bitcoin durch Angebot und Nachfrage auf dem Markt bestimmt. Das bedeutet, dass die Bitcoin-Kurse sehr volatil sein können, was sowohl Chancen als auch Risiken für Händler bietet.

Bitcoin hat auch die Art und Weise verändert, wie Währungen gehandelt werden. Traditionelle Währungsgeschäfte erfordern in der Regel die Beteiligung einer Bank oder eines anderen Finanzinstituts. Bitcoin-Transaktionen hingegen erfolgen direkt zwischen den Parteien über das Internet, ohne die Notwendigkeit eines Vermittlers. Das macht Bitcoin-Transaktionen schnell, kostengünstig und global.

Trotz seiner Vorteile ist Bitcoin nicht ohne Risiken und Herausforderungen. Die hohe Volatilität von Bitcoin kann zu erheblichen Verlusten führen, und die dezentrale Natur von Bitcoin macht es anfällig für Missbrauch und Betrug. Darüber hinaus ist der rechtliche Status von Bitcoin in vielen Ländern noch unklar, was rechtliche Unsicherheit für Händler und Investoren schafft.

Ein weiteres bemerkenswertes Merkmal von Bitcoin ist seine Fähigkeit, als "sicherer Hafen" zu fungieren. In Zeiten wirtschaftlicher Unsicherheit und Instabilität neigen Investoren dazu, ihr Geld in "sicheren Hafen"-Anlagen zu parken, wie Gold oder US-Staatsanleihen. Aufgrund seiner dezentralisierten Natur und seines begrenzten Angebots hat Bitcoin in einigen

Fällen diese Rolle übernommen, obwohl es immer noch kontrovers diskutiert wird.

Auch der Einfluss von Bitcoin auf andere Währungen ist beachtenswert. Die Stärke von Bitcoin kann den Wert anderer Kryptowährungen beeinflussen, und umgekehrt. Darüber hinaus können Ereignisse, die den Bitcoin-Markt beeinflussen, wie regulatorische Entwicklungen oder technologische Fortschritte, auch Auswirkungen auf andere Währungen haben.

Im Allgemeinen hat Bitcoin das Potenzial, den Währungsmarkt tiefgreifend zu verändern. Die Art und Weise, wie wir Währungen handeln und verwenden, könnte durch die fortschreitende Entwicklung und Akzeptanz von Bitcoin und anderen Kryptowährungen nachhaltig verändert werden. Es bleibt jedoch abzuwarten, inwieweit sich diese Veränderungen vollziehen werden und welche Auswirkungen sie auf den globalen Währungsmarkt haben werden.

In der Summe lässt sich sagen, dass Bitcoin eine bedeutende Rolle auf dem Währungsmarkt spielt und dessen Funktionsweise verändert hat. Die Dezentralisierung, die Volatilität und das Potenzial als sicherer Hafen sind Aspekte, die Bitcoin von traditionellen Währungen unterscheiden und sowohl Chancen als auch Risiken darstellen. Die Art und Weise, wie der Währungsmarkt auf diese neue Kraft reagiert und sie integriert, wird einen starken Einfluss auf die zukünftige Entwicklung des globalen Finanzsystems haben.

Bitcoin als Hedge gegen Inflation

Seit der Einführung von Bitcoin im Jahr 2009 hat die Kryptowährung vielfältige Anwendungsfälle gefunden. Eine der am meisten diskutierten Anwendungen ist die Nutzung von Bitcoin als Absicherung gegen Inflation. Durch die Verständigung auf die Grenze von 21 Millionen Bitcoin, die jemals existieren werden, wurde Bitcoin oft als "digitales Gold" bezeichnet, das als sicherer Hafen in Zeiten der finanziellen Unsicherheit dienen kann.

Inflation ist ein Prozess, bei dem das allgemeine Preisniveau in einer Wirtschaft steigt, was im Wesentlichen dazu führt, dass die Kaufkraft des Geldes abnimmt. Es ist ein natürliches Phänomen in vielen modernen Wirtschaften, kann aber auch negative Auswirkungen haben, insbesondere wenn die Inflationsrate schnell steigt. In diesem Kontext wird Bitcoin von vielen als potenzielles Absicherungsmittel gegen Inflation betrachtet.

Bitcoin ist nicht an die Geldpolitik eines Landes gebunden. Während Zentralbanken die Geldmenge erhöhen können, was potenziell zu Inflation führt, ist die Menge an Bitcoin, die jemals existieren wird, auf 21 Millionen begrenzt. Diese Knappheit ist ein Kernmerkmal von Bitcoin und wird oft als Hauptgrund für seine Eignung als Inflationsschutz angeführt.

Die Unabhängigkeit von Bitcoin von traditionellen Wirtschaftssystemen ermöglicht es ihm auch, als Absicherung gegen Wirtschaftskrisen zu dienen. Wenn die traditionelle Wirtschaft unter Druck steht, suchen die Anleger oft nach alternativen Anlagen, um ihr Kapital zu schützen. Bitcoin, mit seiner dezentralisierten Struktur und globalen Zugänglichkeit, hat sich in einigen Fällen als solche Alternative bewährt.

Die globale Natur von Bitcoin bietet auch Möglichkeiten zur Diversifizierung. Anleger können Bitcoin als Teil ihres Portfolios nutzen, um das Risiko zu verteilen und sich gegen lokale oder regionale wirtschaftliche Schwierigkeiten abzusichern. Da Bitcoin auf globaler Ebene gehandelt wird, kann es als Mittel zur Risikostreuung dienen, das unabhängig von bestimmten Wirtschaftssystemen ist.

Trotz der Vorteile und Potenziale von Bitcoin als Absicherung gegen Inflation, gibt es auch Herausforderungen und Risiken. Die hohe Volatilität von Bitcoin kann zu erheblichen Preisbewegungen führen, die sowohl Chancen als auch Risiken für die Anleger darstellen. Darüber hinaus ist der Bitcoin-Markt noch relativ jung und kann von verschiedenen Faktoren beeinflusst werden, einschließlich regulatorischer Entscheidungen und technologischer Entwicklungen.

Auch die Frage der Akzeptanz und Adoption von Bitcoin bleibt ein zentrales Thema. Obwohl die Nutzung von Bitcoin als Zahlungsmittel und Investition zunimmt, ist sie immer noch nicht allgemein akzeptiert. Dies kann die Fähigkeit von Bitcoin, als effektive Absicherung gegen Inflation zu dienen, beeinträchtigen.

Die Rolle von Bitcoin als Inflationsschutz wird auch durch die Haltung von Regulierungsbehörden beeinflusst. Einige Länder haben Bitcoin und andere Kryptowährungen vollständig akzeptiert, während andere sie streng regulieren oder sogar verbieten. Diese unterschiedlichen Ansätze können die Fähigkeit von Bitcoin, als Absicherung gegen Inflation zu dienen, erheblich beeinflussen.

Schließlich spielt auch das Verständnis und das Bewusstsein der Anleger eine Rolle. Um Bitcoin effektiv als Absicherung gegen Inflation zu nutzen, müssen die Anleger nicht nur die Grundlagen von Bitcoin verstehen, sondern auch die Dynamik der Kryptowährungsmärkte und die damit verbundenen Risiken.

Insgesamt kann man sagen, dass Bitcoin ein Potenzial als Absicherung gegen Inflation hat, aber auch eine Reihe von Herausforderungen und Risiken mit sich bringt. Wie sich Bitcoin in Zukunft als Inflationsschutz entwickelt, wird von einer Vielzahl von Faktoren abhängen, einschließlich technologischer Entwicklungen, regulatorischer Entscheidungen und dem Verständnis und der Akzeptanz von Bitcoin durch die Anleger. Dies macht Bitcoin zu einem faszinierenden und dynamischen Gebiet für zukünftige Untersuchungen und Debatten.

Die Rolle von Bitcoin in der Zentralbankpolitik

Zentralbanken und digitale Währungen

Zentralbanken und digitale Währungen sind Begriffe, die in den letzten Jahren immer häufiger in einem Atemzug genannt werden. Mit dem wachsenden Interesse an Kryptowährungen wie Bitcoin und der Erkenntnis, dass die Digitalisierung der Finanzwelt unaufhaltsam voranschreitet, sehen sich Zentralbanken weltweit mit der Frage konfrontiert, ob und wie sie eigene digitale Währungen einführen sollten.

Diese als Central Bank Digital Currencies (CBDCs) bezeichneten Instrumente könnten das Potenzial haben, die Art und Weise, wie wir über Geld denken und es nutzen, grundlegend zu verändern.

CBDCs sind digitale Formen der nationalen Währung eines Landes und werden direkt von der Zentralbank ausgegeben. Im Gegensatz zu Kryptowährungen wie Bitcoin, die dezentralisiert sind und auf einer Blockchain-Technologie basieren, können CBDCs zentralisiert sein und müssen nicht unbedingt Blockchain-Technologien nutzen. Das bedeutet, dass die Kontrolle und Verwaltung in den Händen der Zentralbank liegen.

Ein Hauptantrieb für Zentralbanken, CBDCs zu entwickeln, ist die Modernisierung des Zahlungssystems. Viele aktuelle Systeme sind veraltet und nicht für das digitale Zeitalter geeignet. CBDCs könnten Transaktionen beschleunigen, die Effizienz steigern und die Kosten für grenzüberschreitende Zahlungen senken.

Darüber hinaus könnten CBDCs dazu beitragen, finanzielle Inklusion zu fördern. Weltweit haben viele Menschen keinen Zugang zu traditionellen Bankdienstleistungen. Digitale Zentralbankwährungen könnten diesen Menschen einen einfacheren und kostengünstigeren Zugang zum Finanzsystem bieten, da sie nur ein mobiles Endgerät benötigen.

Es gibt jedoch auch Bedenken hinsichtlich CBDCs. Eine davon ist die Frage der Privatsphäre. Während Kryptowährungen oft als anonym oder zumindest pseudonym angesehen werden, könnten CBDCs so gestaltet werden, dass sie Transaktionen vollständig nachverfolgbar machen. Das wirft Fragen über Überwachung und Datenschutz auf.

Zudem könnten CBDCs das traditionelle Bankensystem stören. Wenn jeder Bürger direkten Zugang zu digitalen Geldformen der Zentralbank hätte, könnte das die Rolle der Geschäftsbanken im Wirtschaftssystem vermindern. Dies könnte zu Stabilitätsrisiken führen, da Geschäftsbanken eine zentrale Rolle in der Geldschöpfung und -verwaltung spielen.

Die Implementierung von CBDCs stellt auch technologische Herausforderungen dar. Die Infrastruktur muss sicher, skalierbar und in der Lage sein, Millionen von Transaktionen nahtlos zu verarbeiten. Außerdem muss sie gegen Cyberangriffe geschützt sein.

Einige Länder sind bereits weit fortgeschritten bei der Entwicklung und Implementierung von CBDCs. China zum Beispiel testet bereits seine digitale Yuan-Währung in verschiedenen Städten. Andere Länder, wie Schweden mit seinem E-Krona-Projekt, sind in der Erprobungsphase.

Es gibt auch eine geopolitische Dimension bei der Einführung von CBDCs. Die Vorherrschaft des US-Dollars als weltweite Reservewährung könnte in Frage gestellt werden, wenn andere Länder erfolgreiche digitale Währungen einführen und popularisieren. Ein digitaler Yuan oder Euro könnte, wenn er global akzeptiert wird, die Dynamik des internationalen Finanzsystems verändern.

Aber nicht alle Zentralbanken sind von der Idee überzeugt. Einige haben Bedenken geäußert oder sich gegen die Einführung von CBDCs ausgesprochen, da sie die potenziellen Risiken für die Finanzstabilität und die Geldpolitik als zu groß erachten.

Die Debatte über CBDCs ist vielschichtig. Es gibt sowohl Befürworter als auch Gegner, und die Argumente reichen von technologischen und wirtschaftlichen bis hin zu sozialen und politischen Erwägungen. Eines ist jedoch klar: Das Thema Zentralbanken und digitale Währungen wird in den kommenden Jahren eine zentrale Rolle in der Diskussion über die Zukunft des Geldes und des Finanzsystems spielen. Wie sich diese Debatte entwickelt und welche Auswirkungen sie auf die globale Wirtschaft haben wird, bleibt abzuwarten. Es ist jedoch sicher, dass Sie als Beobachter oder Akteur im Finanzsektor dieses Thema im Auge behalten sollten. Es hat das Potenzial, die Landschaft nachhaltig zu verändern.

Angesichts der beschriebenen Aussichten und Herausforderungen für CBDCs, werden die nächsten Schritte der Zentralbanken von entscheidender Bedeutung sein. Es wird erwartet, dass weitere Untersuchungen und Tests durchgeführt werden, um das Potenzial dieser Technologie zu bewerten. Diese Studien werden sich wahrscheinlich auf die Skalierbarkeit, Sicherheit und Benutzerfreundlichkeit konzentrieren. Gleichzeitig sind Debatten und Diskussionen auf nationaler und internationaler Ebene von entscheidender Bedeutung, um die zukünftige Rolle von CBDCs im globalen Finanzsystem zu bestimmen.

Ein weiterer interessanter Aspekt in dieser Diskussion ist der Dialog zwischen Zentralbanken und der Kryptowährungs-Community. Während einige Kryptowährungs-Enthusiasten CBDCs als Bedrohung für dezentrale Kryptowährungen wie Bitcoin sehen, betrachten andere sie als eine Möglichkeit, die Akzeptanz und das Verständnis für digitale Währungen zu erhöhen. Gleichzeitig sind Zentralbanken auf der ganzen Welt bemüht, von den

Erfahrungen und technologischen Entwicklungen in der Kryptowährungs-Welt zu lernen.

Einige Analysten argumentieren auch, dass CBDCs und Kryptowährungen koexistieren könnten. In dieser Ansicht könnten Kryptowährungen weiterhin als spekulative Anlage oder als "digitales Gold" dienen, während CBDCs eher den täglichen Transaktionsbedarf decken könnten. In diesem Szenario könnten CBDCs sogar dazu beitragen, die Hürden für die Akzeptanz von Kryptowährungen zu senken, indem sie der breiten Öffentlichkeit ein besseres Verständnis und Vertrauen in digitale Währungen vermitteln.

Es ist auch zu erwarten, dass das Thema CBDCs mehr Aufmerksamkeit von Gesetzgebern und Regulierungsbehörden auf der ganzen Welt erhalten wird. Da digitale Währungen das Potenzial haben, das Finanzsystem grundlegend zu verändern, ist es unerlässlich, dass angemessene rechtliche und regulatorische Rahmenbedingungen geschaffen werden. Dies wird nicht nur die Stabilität und Sicherheit des Systems gewährleisten, sondern auch dazu beitragen, das Vertrauen der Öffentlichkeit in diese neue Form von Geld zu stärken.

Während die Debatte über CBDCs weitergeht, wird es auch interessant sein zu beobachten, wie sich die Einstellungen der Verbraucher entwickeln. Bisher sind digitale Währungen noch nicht weit verbreitet und das Verständnis dafür ist oft begrenzt. Bildungsinitiativen, sowohl von Regierungen als auch von privaten Akteuren, werden entscheidend sein, um das Verständnis und die Akzeptanz von CBDCs zu fördern.

Es besteht kein Zweifel, dass CBDCs eine spannende Entwicklung in der Welt der Finanzen darstellen. Sie haben das Potenzial, das Gesicht des Geldes, wie wir es kennen, zu verändern und das Finanzsystem in das digitale Zeitalter zu führen. Gleichzeitig stellen sie jedoch auch bedeutende Herausforderungen und Fragen dar, die sorgfältig adressiert werden müssen. Es bleibt abzuwarten, wie sich dieser aufregende Bereich in den kommenden Jahren entwickeln wird, und es wird sicherlich spannend sein, die Entwicklungen zu verfolgen.

Auswirkungen von Bitcoin auf die Geldpolitik

Die Auswirkungen von Bitcoin und anderen Kryptowährungen auf die Geldpolitik sind vielfältig und komplex. Eines der Hauptmerkmale von Bitcoin, dass seine Beziehung zur Geldpolitik definiert, ist seine dezentrale Natur. Im Gegensatz zu herkömmlichen Währungen, die von Zentralbanken kontrolliert und reguliert werden, gibt es bei Bitcoin keine zentrale Instanz, die die Geldmenge steuern kann. Dies stellt eine grundlegende Veränderung dar, wie Währungen traditionell funktioniert haben.

Zum einen ermöglicht diese Dezentralisierung von Bitcoin eine gewisse Widerstandsfähigkeit gegenüber herkömmlichen geldpolitischen Maßnahmen. Zum Beispiel, wenn eine Zentralbank die Zinssätze ändert oder quantitative Lockerungsmaßnahmen durchführt, beeinflussen diese Maßnahmen direkt die Geldmenge und den Wert der Währung. Da Bitcoin jedoch keinen zentralen Regulator hat, reagiert es nicht auf die gleiche Weise auf solche Aktionen. Dies bedeutet, dass Bitcoin als ein potenzielles Absicherungsinstrument gegen die Auswirkungen der Geldpolitik dienen könnte.

Auf der anderen Seite stellt Bitcoin eine Herausforderung für die Fähigkeit der Zentralbanken dar, die Geldpolitik effektiv zu steuern. Dies liegt daran, dass die zunehmende Verbreitung und Akzeptanz von Bitcoin die Nachfrage nach herkömmlichen Währungen potenziell verringern könnte. Wenn dies geschehen würde, könnten Zentralbanken Schwierigkeiten haben, ihre geldpolitischen Ziele zu erreichen, da ihre Kontrolle über die Geldmenge eingeschränkt wäre.

Ein weiterer Aspekt, der berücksichtigt werden sollte, ist die Rolle, die Bitcoin bei der Schaffung von Finanzmarktstabilität spielen kann. Aufgrund seiner hohen Volatilität und seines unregulierten Status könnte Bitcoin potenziell zu Instabilitäten auf den Finanzmärkten beitragen, insbesondere wenn er in großem Umfang verwendet wird. Dies ist ein weiterer Faktor, den Zentralbanken bei der Ausarbeitung ihrer Geldpolitik berücksichtigen müssen.

Darüber hinaus gibt es noch die Frage, wie Bitcoin die internationale Geldpolitik beeinflussen könnte. Da Bitcoin grenzüberschreitend ohne die üblichen Beschränkungen oder Gebühren übertragen werden kann, könnte es potenziell dazu beitragen, das derzeitige System der internationalen Geldüberweisungen zu stören. Dies könnte wiederum Auswirkungen auf den globalen Devisenmarkt und die Fähigkeit der einzelnen Länder haben, ihre eigene Geldpolitik zu kontrollieren.

Man sollte aber auch nicht übersehen, dass viele dieser Auswirkungen noch spekulativ sind und es noch viel Forschung gibt, die durchgeführt werden muss, um die tatsächlichen Auswirkungen von Bitcoin auf die Geldpolitik vollständig zu verstehen. Darüber hinaus befindet sich die Regulierung von

Bitcoin und anderen Kryptowährungen noch in den Anfängen, und es ist wahrscheinlich, dass zukünftige regulatorische Maßnahmen einen bedeutenden Einfluss auf die Beziehung zwischen Bitcoin und der Geldpolitik haben werden.

Bitcoin hat das Potenzial, die Geldpolitik auf verschiedene Weisen zu beeinflussen. Einerseits könnte es als ein Absicherungsinstrument gegen herkömmliche geldpolitische Maßnahmen dienen und andererseits könnte es die Fähigkeit der Zentralbanken herausfordern, die Geldpolitik effektiv zu kontrollieren. Gleichzeitig könnte es auch zur Finanzmarktinstabilität beitragen und das internationale Geldsystem stören. Wie sich diese Beziehung in der Zukunft entwickeln wird, hängt von vielen Faktoren ab, einschließlich der weiteren Adoption von Bitcoin, der regulatorischen Landschaft und den Fortschritten in der Forschung. Es wird spannend sein, diese Entwicklung in den kommenden Jahren zu beobachten.

Bitcoin und seine Umweltauswirkungen

Energieverbrauch im Bitcoin-Netzwerk

Das Bitcoin-Netzwerk ist aufgrund seines energieintensiven Betriebs Gegenstand intensiver Debatten und Untersuchungen. Der hohe Energieverbrauch von Bitcoin ist hauptsächlich auf den Prozess des "Minings" zurückzuführen, der die Durchführung komplexer Berechnungen durch spezialisierte

Computerhardware erfordert. Diese Maschinen lösen kryptographische Rätsel, um neue Blöcke zur Bitcoin-Blockchain hinzuzufügen und Transaktionen zu bestätigen.

Bitcoin-Miner konkurrieren um das Recht, den nächsten Block zur Blockchain hinzuzufügen, indem sie diese komplexen mathematischen Probleme lösen. Derjenige, der das Rätsel zuerst löst, erhält eine Belohnung in Form von Bitcoins. Aufgrund dieser Belohnungsstruktur besteht ein starker Anreiz für Miner, so viel Rechenleistung wie möglich einzusetzen. Je mehr Rechenleistung ein Miner einsetzt, desto größer ist seine Chance, die Belohnung zu erhalten.

Dieser Prozess benötigt jedoch erhebliche Mengen an Energie. Es wird geschätzt, dass der jährliche Energieverbrauch des Bitcoin-Netzwerks mit dem einiger Länder vergleichbar ist. Dies hat dazu geführt, dass viele Menschen Bedenken hinsichtlich der Umweltauswirkungen von Bitcoin geäußert haben, insbesondere im Kontext des Klimawandels und der Notwendigkeit zur Reduzierung der Treibhausgasemissionen.

Ein Argument, das oft zur Verteidigung des Energieverbrauchs von Bitcoin angeführt wird, ist, dass ein erheblicher Teil der Energie, die vom Bitcoin-Netzwerk verbraucht wird, aus erneuerbaren Quellen stammt. Da Bitcoin-Mining ein global verteilter Prozess ist, findet es oft dort statt, wo Energie am günstigsten ist. In einigen Fällen sind dies Gebiete, in denen ein Überschuss an erneuerbarer Energie vorhanden ist.

Zudem argumentieren einige Befürworter, dass der hohe Energieverbrauch von Bitcoin ein notwendiges Übel ist, um ein sicheres, dezentrales und zensurresistentes Geldsystem zu ermöglichen. Sie weisen darauf hin, dass auch herkömmliche

Finanzsysteme und Goldminen erhebliche Mengen an Energie verbrauchen, obwohl diese Kosten oft nicht direkt sichtbar sind.

Allerdings gibt es auch ernsthafte Bedenken hinsichtlich der langfristigen Nachhaltigkeit des energieintensiven Proof-of-Work-Systems von Bitcoin. Einige argumentieren, dass alternative Konsensmechanismen, wie Proof of Stake, ähnliche Sicherheitsgarantien bieten könnten, aber mit einem Bruchteil des Energieverbrauchs. In der Tat haben einige neuere Kryptowährungen bereits solche weniger energieintensiven Mechanismen eingeführt.

Auch regulatorische Maßnahmen könnten eine Rolle bei der Begrenzung des Energieverbrauchs des Bitcoin-Netzwerks spielen. Einige Länder haben bereits Beschränkungen oder Verbote für Bitcoin-Mining eingeführt, aus Sorge um die Umweltauswirkungen oder die Belastung der Stromnetze.

In der Zwischenzeit untersuchen einige innerhalb der Bitcoin-Community Lösungen, um den Energieverbrauch zu reduzieren. Eine solche Lösung könnte eine Änderung des Konsensmechanismus von Bitcoin sein, obwohl dies eine signifikante technische Herausforderung darstellt und wahrscheinlich auf erheblichen Widerstand innerhalb der Community stoßen würde. Eine andere Möglichkeit könnte die Weiterentwicklung und Verbesserung der Mining-Hardware sein, um die Energieeffizienz zu erhöhen.

Es bleibt abzuwarten, wie sich der Energieverbrauch von Bitcoin in Zukunft entwickeln wird. Es ist klar, dass dies ein komplexes Problem ist, das technische, ökonomische und ökologische Aspekte umfasst. Es ist eine Frage, die weiterhin sorgfältige Überwachung und Forschung erfordert. Dennoch steht fest, dass die Frage des Energieverbrauchs zentral für die

Zukunft von Bitcoin und anderen Kryptowährungen ist. Ungeachtet der Sichtweise auf Bitcoin, ist es unbestreitbar, dass die Thematik der Energieeffizienz im Kontext von Kryptowährungen weiterhin auf der Agenda bleiben wird.

Wie bei jeder bahnbrechenden Technologie müssen die beteiligten Stakeholder sorgfältig abwägen, welche Maßnahmen ergriffen werden müssen, um die potenziellen negativen Auswirkungen zu mildern. In der Tat ist es in der Verantwortung der gesamten Bitcoin-Gemeinschaft - von Minern und Entwicklern bis hin zu Benutzern und Investoren - sich dieser Herausforderung zu stellen und Lösungen zu suchen.

Ein möglicher Ansatz besteht darin, den Einsatz von erneuerbaren Energien in der Bitcoin-Mining-Industrie zu fördern. Einige Mining-Unternehmen haben bereits begonnen, in erneuerbare Energiequellen zu investieren oder in Regionen zu verlagern, in denen ein Überschuss an erneuerbarer Energie vorhanden ist. Durch die Nutzung von Solar-, Wind- oder Wasserkraft könnte die CO_2-Bilanz des Bitcoin-Minings verbessert werden.

In der Zwischenzeit könnten Initiativen zur Offsetting von Emissionen, wie z.B. das Pflanzen von Bäumen oder die Unterstützung von Projekten zur CO_2-Abscheidung, eine Rolle bei der Milderung der Umweltauswirkungen des Bitcoin-Minings spielen. Diese Maßnahmen könnten dazu beitragen, die Kohlenstoffemissionen, die durch das Mining verursacht werden, auszugleichen.

Zudem könnte die Weiterentwicklung der Technologie zu effizienteren Mining-Hardware-Designs führen. Fortschritte in der Halbleitertechnologie und Optimierungen der

Mining-Algorithmen könnten dazu beitragen, den Energieverbrauch pro durchgeführter Berechnung zu reduzieren.

Eine weitere mögliche Lösung könnte in der Weiterentwicklung der Blockchain-Technologie selbst liegen. Aktuell gibt es Forschungsbemühungen zu alternativen Konsensmechanismen, wie dem Proof-of-Stake-Verfahren, das weitaus weniger Energie verbraucht. Obwohl eine Umstellung des Konsensmechanismus von Bitcoin sehr unwahrscheinlich ist, könnten diese Forschungen den Weg für neue, energieeffiziente Kryptowährungen ebnen.

Letztlich hängt die Nachhaltigkeit des Bitcoin-Netzwerks auch von den politischen Entscheidungen und der regulatorischen Landschaft ab. Regierungen und internationale Organisationen können durch ihre Energie- und Umweltpolitik einen erheblichen Einfluss auf den Energieverbrauch des Bitcoin-Netzwerks haben.

Das Bewusstsein für den hohen Energieverbrauch von Bitcoin ist ein erster, wesentlicher Schritt. Der Dialog über die Energieeffizienz von Bitcoin und anderen Kryptowährungen muss fortgesetzt werden, um sicherzustellen, dass diese Technologien in einer Weise entwickelt und genutzt werden, die mit den globalen Nachhaltigkeitszielen vereinbar ist.

Insgesamt lässt sich sagen, dass die Auswirkungen des Bitcoin-Netzwerks auf den Energieverbrauch und die Umwelt eine komplexe und drängende Frage darstellen. Es bedarf weiterer Forschung, technologischer Innovation und regulatorischer Aufmerksamkeit, um sicherzustellen, dass die potenziellen Vorteile von Bitcoin nicht auf Kosten unserer planetaren Ressourcen gehen. Der nachhaltige Umgang mit dem Energieverbrauch im Bitcoin-Netzwerk ist nicht nur eine Frage der Umweltverträglichkeit, sondern auch der langfristigen Rentabilität und Stabilität des Systems.

Nachhaltige Alternativen und Lösungen

Die Bewältigung des Energieverbrauchs in digitalen Systemen ist ein komplexes Unterfangen. Dennoch existieren nachhaltige Alternativen und Lösungen, die sowohl in der Kryptowährungsindustrie als auch in anderen Sektoren Anwendung finden können.

Beginnen wir mit dem Bereich der Kryptowährungen. Es gibt Blockchain-Protokolle, die versuchen, energieeffizientere Lösungen als das Proof-of-Work-Modell von Bitcoin zu bieten. Ein Beispiel hierfür ist der Proof-of-Stake Konsensmechanismus, wie er bei Ethereum 2.0 eingesetzt wird. Bei Proof-of-Stake validieren die Inhaber der Kryptowährung Transaktionen, basierend auf der Menge an Coins, die sie halten und bereit sind, als Sicherheit zu hinterlegen. Dieses Modell erfordert keine energieintensive Mining-Hardware und ist daher wesentlich energieeffizienter.

Ein weiterer Ansatz ist das Konzept der "grünen" Kryptowährungen, die den Umweltschutz in ihre Architektur integrieren. Einige dieser Währungen nutzen erneuerbare Energien für ihre Mining-Prozesse oder spenden einen Teil ihrer Gewinne an Umweltprojekte. Sie stellen eine interessante Alternative für umweltbewusste Anleger dar, obwohl ihre Akzeptanz und Verbreitung noch begrenzt ist.

In anderen digitalen Bereichen können serverlose Architekturen und Cloud-basierte Dienste dazu beitragen, den Energieverbrauch zu senken. Serverlose Architekturen, bei denen die Infrastruktur von einem externen Anbieter verwaltet wird, können die Effizienz verbessern, indem sie Ressourcen nur dann bereitstellen, wenn sie benötigt werden. Ähnlich können Cloud-Dienste durch den Einsatz von Multi-Tenant-Infrastrukturen, die von mehreren Kunden gemeinsam genutzt werden, die Effizienz steigern und den Energieverbrauch reduzieren.

Es gibt einen wachsenden Trend zur Nutzung von erneuerbaren Energien in digitalen Infrastrukturen. Viele große Tech-Unternehmen haben sich bereits dazu verpflichtet, ihre Rechenzentren mit erneuerbaren Energien zu betreiben, und einige haben sogar das Ziel, CO_2-neutral zu werden. Obwohl diese Bemühungen noch in den Kinderschuhen stecken, signalisieren sie eine positive Entwicklung in Richtung nachhaltiger digitaler Praktiken.

Aber es geht nicht nur um Technologie. Auch Regulierungsbehörden und Regierungen haben eine wichtige Rolle zu spielen, indem sie Gesetze und Standards einführen, die den Einsatz von erneuerbaren Energien und energieeffizienten Technologien fördern. Sie können durch Anreize, Subventionen und andere Mechanismen Einfluss auf die Industrie nehmen, um den Übergang zu einer nachhaltigeren digitalen Wirtschaft zu beschleunigen.

Auch Bildung und Bewusstseinsbildung sind entscheidende Aspekte. Es ist entscheidend, dass sowohl Einzelpersonen als auch Organisationen sich der Umweltauswirkungen ihrer digitalen Aktivitäten bewusst sind und informierte

Entscheidungen über die Technologien und Dienstleistungen treffen, die sie nutzen.

Die Herausforderungen der Nachhaltigkeit im digitalen Bereich sind komplex und vielschichtig, und es gibt keine einfache Lösung. Jeder Aspekt – von der Wahl der Hardware und Software über die Gestaltung von Netzwerkarchitekturen bis hin zur Regulierung und zum Verbraucherverhalten – hat Einfluss auf den Energieverbrauch und somit auf den ökologischen Fußabdruck des digitalen Sektors. Es ist eine kollektive Anstrengung von Technologen, Politikern, Verbrauchern und der gesamten Gesellschaft erforderlich, um den Weg zu einer nachhaltigen digitalen Zukunft zu ebnen. So kann der maximale Nutzen aus den digitalen Technologien gezogen werden, ohne dabei die Grenzen unseres Planeten zu überschreiten.

In Bezug auf Bitcoin und andere Kryptowährungen, die auf dem energieintensiven Proof-of-Work-Mechanismus basieren, gibt es Möglichkeiten, die Energieeffizienz zu verbessern. Eine davon ist das "Stratum V2"-Protokoll, das auf das Bitcoin-Mining abzielt. Es ermöglicht es Minern, Transaktionen selbst zu wählen, anstatt sie von einem Mining-Pool zugewiesen zu bekommen. Das Ergebnis ist eine effizientere Nutzung der Ressourcen und eine Reduzierung des Energieverbrauchs.

Zusätzlich wird in einigen Regionen, in denen Mining-Aktivitäten konzentriert sind, überschüssige erneuerbare Energie zur Stromversorgung der Mining-Ausrüstung genutzt. Dies ist besonders in Gebieten mit saisonalen Überfluss an Wasserkraft, wie zum Beispiel in bestimmten Provinzen Chinas, der Fall. Solche Ansätze sind zwar noch nicht weit verbreitet, stellen jedoch wichtige Experimente für nachhaltige Mining-Praktiken dar.

Darüber hinaus spielt die Verbesserung der Energieeffizienz von Hardwaregeräten eine wichtige Rolle bei der Reduzierung des Gesamtenergieverbrauchs. Die kontinuierliche Weiterentwicklung von Hardwaretechnologien, insbesondere von ASICs (Application-Specific Integrated Circuits), die für das Bitcoin-Mining verwendet werden, führt zu einer höheren Leistung bei gleichzeitig geringerem Energieverbrauch.

Jenseits von technischen Lösungen ist es jedoch von zentraler Bedeutung, eine ausgewogene Diskussion über die Energiekosten von Bitcoin und anderen digitalen Technologien zu führen. Es ist leicht, sich auf die hohen Zahlen zu konzentrieren, aber es ist genauso wichtig, sie in den Kontext zu setzen. Zum Beispiel verbrauchen traditionelle Finanzsysteme, von Banken bis hin zu Geldautomaten, auch erhebliche Mengen an Energie. Auch der Energieverbrauch von Datenzentren, die das Rückgrat des modernen Internets bilden, ist erheblich.

Dies bedeutet natürlich nicht, dass der Energieverbrauch von Bitcoin und anderen Kryptowährungen ignoriert werden sollte. Vielmehr zeigt es, dass jede technologische Innovation Kosten und Nutzen hat, und es ist entscheidend, beide Seiten zu betrachten. Während Kryptowährungen neue Möglichkeiten für finanzielle Inklusion und Innovation eröffnen, haben sie auch neue Herausforderungen in Bezug auf Energieverbrauch und Nachhaltigkeit hervorgerufen.

Wir stehen am Anfang einer neuen Ära, in der digitaler Wert und physische Ressourcen in komplexer Weise miteinander verflochten sind. Während wir diese neue Landschaft navigieren, ist es unsere Aufgabe, kreative und nachhaltige Lösungen zu finden, die das Potenzial dieser Technologien nutzen und gleichzeitig ihre Auswirkungen auf unseren Planeten minimieren. Diese Herausforderung ist nicht nur technischer, sondern auch ethischer Natur und wird eine tiefgreifende Reflexion über unsere Prioritäten und Werte erfordern. Dabei ist das zentrale Ziel, Wege zu finden, um die Vorteile der digitalen Innovation zu nutzen, ohne die Gesundheit und Zukunft unseres Planeten zu gefährden.

Bitcoin und die Theorie des Spiels

Verstehen von Nash-Gleichgewichten in Bitcoin

Im Kontext von Bitcoin und der Blockchain-Technologie stößt man oft auf den Begriff "Nash-Gleichgewicht", benannt nach dem berühmten Mathematiker John Nash. Das Konzept des Nash-Gleichgewichts stammt aus der Spieltheorie, einem interdisziplinären Bereich, der mathematische Modelle zur Analyse von Interaktionen zwischen rationalen Entscheidungsträgern verwendet. Es ist ein Zustand, in dem kein Spieler einen Vorteil hat, indem er seine Strategie unabhängig von den anderen ändert. Einfach ausgedrückt, wenn sich jeder in einer bestimmten Situation befindet und niemand einen Gewinn erzielen kann, indem er seine Strategie ändert, während die anderen gleich bleiben, befinden wir uns in einem Nash-Gleichgewicht.

Im Kontext von Bitcoin bezieht sich das Nash-Gleichgewicht in der Regel auf das Verhalten der Miner. Mining ist der Prozess, bei dem neue Blöcke zur Bitcoin-Blockchain hinzugefügt und Transaktionen bestätigt werden. Miner konkurrieren um die Lösung eines mathematischen Problems, und derjenige, der es zuerst löst, fügt den nächsten Block zur Blockchain hinzu und erhält eine Belohnung in Form von neu erzeugten Bitcoins und Transaktionsgebühren.

In der Theorie sollte jeder Miner rational handeln, um seinen eigenen Gewinn zu maximieren. Das bedeutet, dass er versuchen sollte, die Anzahl der Blöcke zu maximieren, die er zur Blockchain hinzufügt. Da jedoch nur ein begrenzter Platz in jedem Block zur Verfügung steht, müssen Miner entscheiden, welche Transaktionen sie in ihren Block aufnehmen. Die meisten Miner wählen Transaktionen basierend auf der Höhe der Transaktionsgebühr, die sie erhalten können - je höher die Gebühr, desto wahrscheinlicher ist es, dass die Transaktion in den nächsten Block aufgenommen wird.

Hier kommt das Konzept des Nash-Gleichgewichts ins Spiel. In einem Nash-Gleichgewicht wird jeder Miner seine Strategie so wählen, dass er seinen Gewinn maximiert, vorausgesetzt, alle anderen Miner tun dasselbe. In der Praxis bedeutet das, dass Miner Transaktionen mit den höchsten Gebühren auswählen, um ihren eigenen Gewinn zu maximieren. Wenn ein Miner versucht, seine Strategie zu ändern, indem er beispielsweise Transaktionen mit niedrigeren Gebühren aufnimmt, würde er weniger Gewinn machen als die anderen Miner, die weiterhin Transaktionen mit höheren Gebühren wählen.

Das Nash-Gleichgewicht bietet also eine theoretische Erklärung für das Verhalten der Miner in Bitcoin. Es hilft uns zu verstehen, warum Miner bestimmte Entscheidungen treffen und wie sie auf Änderungen im Netzwerk reagieren. Man muss jedoch bedenken, dass das Konzept des Nash-Gleichgewichts auf der Annahme basiert, dass alle Akteure rational handeln. In der Realität kann das Verhalten von Menschen und Organisationen oft von vielen anderen Faktoren beeinflusst werden, die in einem einfachen mathematischen Modell nicht berücksichtigt werden können.

Die Anwendung des Nash-Gleichgewichts auf Bitcoin und andere Kryptowährungen ist ein aktives Forschungsgebiet. Während das grundlegende Konzept uns hilft, das Verhalten von Minern besser zu verstehen, gibt es noch viele offene Fragen. Wie reagieren Miner auf Veränderungen in der Wirtschaftlichkeit des Minings? Wie beeinflussen Änderungen in der Netzwerkstruktur oder in der Mining-Technologie das Verhalten der Miner? Diese und andere Fragen sind Gegenstand von laufenden Untersuchungen. Immerhin ist Bitcoin mehr als nur Mathematik - es ist ein komplexes Ökosystem mit vielen sich gegenseitig beeinflussenden Faktoren. Der Schlüssel zum Verständnis von Bitcoin und seiner Zukunft liegt in der Untersuchung aller dieser Faktoren und in der Erkennung der komplexen Wechselwirkungen zwischen ihnen.

Ein weiteres Anwendungsgebiet für Nash-Gleichgewichte in Bitcoin betrifft die Netzwerksicherheit. Das PoW (Proof-of-Work) Konsensverfahren, das Bitcoin nutzt, basiert auf der Annahme, dass die Mehrheit der Netzwerk-Teilnehmer ehrlich handelt. In einem Nash-Gleichgewicht ist es für keinen der Teilnehmer vorteilhaft, die Regeln zu brechen, da dies den eigenen Gewinn reduzieren würde. Dieses Gleichgewicht stellt sicher, dass Angriffe wie der sogenannte "51%-Angriff", bei dem ein Akteur die Kontrolle über die Mehrheit der Mining-Leistung erlangt und Transaktionen manipuliert, unwahrscheinlich sind.

Es sollte hervorgehoben werden, den Zusammenhang zwischen dem Nash-Gleichgewicht und den Anreizstrukturen in Bitcoin zu beachten. Das Design von Bitcoin nutzt wirtschaftliche Anreize, um ein sicheres und robustes Netzwerk zu schaffen. Jeder Miner hat einen finanziellen Anreiz, ehrlich zu handeln und das Netzwerk zu sichern. Dieses System von Anreizen und Strafen bildet ein fein ausbalanciertes Gleichgewicht, das die Grundlage für die Sicherheit und Zuverlässigkeit von Bitcoin bildet.

Es gibt jedoch auch kritische Stimmen, die behaupten, dass das Nash-Gleichgewicht in der Praxis möglicherweise nicht immer erreicht wird oder dass es andere Gleichgewichte geben könnte, die nicht optimal sind. Beispielsweise könnten Miner kurzfristig handeln und versuchen, schnelle Gewinne zu erzielen, anstatt langfristig zu denken und das Netzwerk zu sichern. Oder es könnten externe Faktoren auftreten, die die Annahmen des Nash-Gleichgewichts in Frage stellen, wie beispielsweise regulatorische Eingriffe oder technologische Veränderungen.

Trotz dieser Herausforderungen bleibt das Nash-Gleichgewicht ein leistungsstarkes Werkzeug zur Analyse und zum Verständnis von Bitcoin und anderen Kryptowährungen. Es bietet einen theoretischen Rahmen, um das Verhalten von Akteuren in einem komplexen und dynamischen System zu analysieren und Vorhersagen über ihre zukünftigen

Handlungen zu treffen. Diese Einblicke sind von unschätzbarem Wert für Entwickler, Forscher, Regulierungsbehörden und jeden, der ein tieferes Verständnis von Bitcoin und seiner zugrunde liegenden Technologie anstrebt.

Als Schlussfolgerung kann gesagt werden, dass das Konzept des Nash-Gleichgewichts eine wichtige Rolle beim Verständnis des komplexen Ökosystems von Bitcoin spielt. Es hilft uns dabei, die Strategien und das Verhalten der Miner und anderer Netzwerkteilnehmer zu verstehen. Aber wie bei jedem theoretischen Modell, ist es wichtig, die Grenzen zu erkennen und ständig zu prüfen, ob die Annahmen noch gültig sind. Bitcoin bleibt ein dynamisches und sich ständig veränderndes Feld, das eine genaue Beobachtung und Analyse erfordert. Wie immer in der Welt der Kryptowährungen, bleibt die einzige Konstante die Veränderung selbst.

Anwendung von Spieltheorie auf Mining-Strategien

Die Spieltheorie ist ein wirkungsvolles Werkzeug zur Analyse von Entscheidungen, bei denen die Auszahlungen von den Handlungen anderer abhängen. Im Kontext von Bitcoin und anderen Kryptowährungen hat die Spieltheorie besonders in Bezug auf das Mining eine entscheidende Bedeutung.

Beim Mining geht es darum, neue Blöcke zu generieren und an die Blockchain anzuhängen, um Transaktionen zu validieren und eine Belohnung in Form von neuen Bitcoin-Einheiten und

Transaktionsgebühren zu erhalten. Dieser Prozess kann als ein Spiel betrachtet werden, in dem die Miner um die begrenzte Belohnung konkurrieren. Der Ansatz der Spieltheorie ermöglicht es, verschiedene Strategien zu analysieren und Vorhersagen darüber zu treffen, wie Miner sich unter verschiedenen Umständen verhalten könnten.

Eine grundlegende Fragestellung in diesem Kontext ist die Entscheidung, ob ein Miner einen neu gefundenen Block sofort an das Netzwerk weitergibt oder versucht, einen weiteren Block zu finden, bevor er seine Entdeckung bekannt gibt. Die sofortige Bekanntgabe bringt den Vorteil, dass die Arbeit des Miners wahrscheinlich von allen akzeptiert wird. Wenn er jedoch erfolgreich einen weiteren Block findet, bevor andere Miner einen Block finden, erhält er die Belohnung für beide Blöcke. Diese Strategie wird als "Selbstsüchtiges Mining" bezeichnet und kann zu Instabilität im Netzwerk führen. Die Spieltheorie kann dabei helfen, die Bedingungen zu bestimmen, unter denen selbstsüchtiges Mining profitabel wäre.

Ein weiteres interessantes Phänomen ist das "Block-Withholding", bei dem ein Miner seine Rechenleistung einsetzt, um den Fortschritt anderer Miner zu verhindern, anstatt selbst Blöcke zu minen. Auch hier kann die Spieltheorie helfen, zu verstehen, wann und warum diese Strategie angewendet wird und wie sie das gesamte Netzwerk beeinflusst.

Ein wesentlicher Aspekt beim Einsatz der Spieltheorie auf Mining-Strategien ist das Konzept des Nash-Gleichgewichts. Dies ist der Zustand, in dem kein Spieler durch einseitige Änderung seiner Strategie seinen Gewinn erhöhen kann, vorausgesetzt, die Strategien der anderen Spieler bleiben unverändert. Im Kontext von Bitcoin bedeutet dies, dass unter bestimmten Bedingungen, wie z.B. der Verteilung der Rechenleistung und der Höhe der Transaktionsgebühren, ein Gleichgewicht erreicht werden kann, in dem keine Änderung der Mining-Strategie einen höheren Gewinn für einen einzelnen Miner erzielen würde.

Allerdings ist es auch zu beachten, dass die Realität oft komplexer ist als die theoretischen Modelle. So können sich beispielsweise die Bedingungen im Netzwerk rasch ändern, etwa durch die Einführung neuer Technologien oder durch Veränderungen in den Marktpreisen. Ebenso können Miner unterschiedliche Ziele und Präferenzen haben, die über die reine Gewinnmaximierung hinausgehen.

Die Anwendung der Spieltheorie auf Mining-Strategien ist daher ein faszinierendes und komplexes Feld, das viele interessante Fragen aufwirft. Sie hilft uns dabei, das Verhalten von Minern zu verstehen und Vorhersagen zu treffen, wie sich das Bitcoin-Netzwerk in Zukunft entwickeln könnte. Doch sie erfordert auch ein tiefgehendes Verständnis sowohl der technischen Details von Bitcoin als auch der Grundlagen der Spieltheorie. Mit dieser Kombination von Kenntnissen können Sie fundierte Einschätzungen treffen und fundierte Entscheidungen in der dynamischen Welt von Bitcoin und anderen Kryptowährungen treffen.

In den letzten Jahren hat die Erforschung von Mining-Strategien im Kontext der Spieltheorie noch an Bedeutung gewonnen, da das Netzwerk von Bitcoin und anderen Kryptowährungen weiter wächst und reift. Die Dynamik des Wettbewerbs und die Interaktionen zwischen Minern sind immer komplexer geworden. Vor diesem Hintergrund liefern

Spieltheoretische Modelle wichtige Erkenntnisse und helfen dabei, das Verhalten der Miner und die damit verbundenen Auswirkungen auf das Netzwerk zu prognostizieren.

Die Forschung hat beispielsweise gezeigt, dass die Auswirkungen von selbstsüchtigem Mining und Block-Withholding auf das Netzwerk von einer Vielzahl von Faktoren abhängen. Dazu gehören unter anderem die relative Rechenleistung der Miner, die Latenzzeiten im Netzwerk, die Höhe der Transaktionsgebühren und die Verbreitung von Informationen. Die Spieltheorie ermöglicht es, diese Faktoren systematisch zu berücksichtigen und so ein umfassendes Bild der Situation zu zeichnen.

Dabei kann die Spieltheorie auch dazu beitragen, Lösungen für einige der Herausforderungen zu finden, denen sich das Bitcoin-Netzwerk gegenüber sieht. Beispielsweise könnten Mechanismen zur Informationsverteilung oder zur Anpassung der Belohnungsstruktur entwickelt werden, die das Verhalten der Miner lenken und so die Stabilität und Sicherheit des Netzwerks erhöhen. Diese Aspekte sind von entscheidender Bedeutung, um das Potenzial von Bitcoin und anderen Kryptowährungen voll auszuschöpfen.

In der Praxis kann die Anwendung der Spieltheorie auf Mining-Strategien jedoch auch auf Hindernisse stoßen. Eines der Hauptprobleme ist, dass die tatsächlichen Kosten und Nutzen des Minings schwer zu quantifizieren sind. Sie hängen von einer Vielzahl von Faktoren ab, darunter die Kosten für Hardware und Strom, die Wahrscheinlichkeit, einen Block zu finden, und die Schwankungen im Wert von Bitcoin. Darüber hinaus können Miner unterschiedliche Ziele und Präferenzen haben, die in einem Modell schwer zu erfassen sind.

Trotz dieser Herausforderungen bietet die Anwendung der Spieltheorie auf Mining-Strategien wertvolle Einblicke in das Funktionieren des Bitcoin-Netzwerks. Sie leistet einen wichtigen Beitrag zum Verständnis der Dynamik des Minings und der Auswirkungen auf die Stabilität und Sicherheit des Netzwerks. Und indem sie hilft, fundierte Vorhersagen zu treffen und effektive Strategien zu entwickeln, trägt sie letztendlich dazu bei, das Potenzial von Bitcoin und anderen Kryptowährungen zu realisieren.

Makroökonomische Faktoren und Bitcoin-Preis

Analyse des Einflusses von Inflation und Deflation

Inflation und Deflation sind zentrale Begriffe in der Wirtschaft, die sich auf das allgemeine Preisniveau in einer Volkswirtschaft beziehen. Inflation bedeutet einen allgemeinen Anstieg der Preise, während Deflation einen allgemeinen Rückgang der Preise bedeutet. Beide haben weitreichende Auswirkungen auf die Wirtschaft, und die Auswirkungen von Inflation und Deflation sind ein zentrales Thema in der Wirtschaftsforschung und -politik.

Die Inflation wird oft als notwendiges Übel angesehen, das in einer gesunden Wirtschaft in Maßen auftritt. Ein gewisses Maß an Inflation kann sogar vorteilhaft sein, da es Anreize für Verbraucher und Unternehmen bietet, Geld auszugeben und zu investieren, anstatt es zu horten. Inflation kann jedoch auch negative Auswirkungen haben, insbesondere wenn sie unerwartet hoch oder instabil ist. Sie kann die Kaufkraft des Geldes verringern, die Realzinsen verzerren und die Ungleichheit verschärfen.

Deflation hingegen wird oft als schädlich angesehen, insbesondere in einer modernen, schuldenbasierten Wirtschaft. Wenn die Preise allgemein fallen, neigen Menschen und Unternehmen dazu, Ausgaben und Investitionen zu verschieben, in der Erwartung, dass die Preise weiter fallen werden. Dies kann zu einem Rückgang der Nachfrage führen, was wiederum die Produktion und das Wirtschaftswachstum drosselt. Darüber hinaus erhöht die Deflation den realen Wert von Schulden, was zu finanziellen Schwierigkeiten für Schuldner führen kann.

Im Kontext von Kryptowährungen wie Bitcoin sind Fragen der Inflation und Deflation besonders relevant. Bitcoin wurde mit einer festen Obergrenze von 21 Millionen Einheiten konzipiert, und die Geschwindigkeit, mit der neue Bitcoins durch Mining erzeugt werden, halbiert sich etwa alle vier Jahre in einem Prozess, der als "Halving" bekannt ist. Dieses Design führt dazu, dass Bitcoin im Laufe der Zeit tendenziell deflationär ist.

Einige Befürworter von Bitcoin argumentieren, dass dies ein Vorteil ist, da es Bitcoin zu einer Art "digitalem Gold" macht, das als Wertspeicher in Zeiten von Inflation dienen kann. Andere weisen jedoch darauf hin, dass die Deflation zu spekulativen Blasen führen kann, da Menschen Bitcoins horten, in der Hoffnung, dass ihr Wert steigt, anstatt sie als Medium für Transaktionen zu verwenden.

Die Inflation und Deflation beeinflussen auch den Wechselkurs zwischen Bitcoin und traditionellen Währungen. Wenn eine traditionelle Währung eine hohe Inflation erlebt, könnte dies dazu führen, dass Menschen in Bitcoin fliehen, was den Wert von Bitcoin im Verhältnis zu dieser Währung erhöht. Umgekehrt könnte eine Deflation in der traditionellen Währung dazu führen, dass Menschen Bitcoin verlassen und in die traditionelle Währung zurückkehren, was den Wert von Bitcoin senken würde.

Wie diese Beispiele zeigen, sind die Auswirkungen von Inflation und Deflation auf Wirtschaft und Währungen vielschichtig und komplex. Sowohl Inflation als auch Deflation können unter bestimmten Umständen sowohl Vorteile als auch Nachteile haben. Um die Auswirkungen von Inflation und Deflation effektiv zu managen, ist es entscheidend, die Dynamik des Wirtschaftssystems, die Natur der Währung und die Bedürfnisse und Verhaltensweisen der Wirtschaftsakteure zu verstehen. Daraus ergibt sich, dass die Untersuchung und Analyse von Inflation und Deflation auch in der Welt der Kryptowährungen eine entscheidende Rolle spielt.

Die Entscheidungsträger in der Wirtschaftspolitik, insbesondere die Zentralbanken, befassen sich aktiv mit den Auswirkungen von Inflation und Deflation. Während sie stets bemüht sind, die Inflation auf einem angemessenen und stabilen Niveau zu halten, gilt die Deflation generell als schädlich. Sie versuchen, sie zu verhindern oder zumindest abzuschwächen. Diese Politik stellt sie jedoch vor neue Herausforderungen in Bezug auf Kryptowährungen wie Bitcoin.

Das Wachstum von Bitcoin und anderen Kryptowährungen hat neue Möglichkeiten für Individuen und Unternehmen eröffnet, sich vor Inflation zu schützen oder sogar von Deflation zu profitieren. Dieser neue Kontext hat jedoch auch die Möglichkeiten der Zentralbanken zur Beeinflussung der Wirtschaft durch traditionelle geldpolitische Instrumente verändert.

Insbesondere kann die Möglichkeit, Vermögen in Form von Bitcoin oder anderen Kryptowährungen zu halten, die Effektivität der Zinssätze als Instrument zur Steuerung der Inflation beeinträchtigen. Wenn die Menschen in der Lage sind, ihr Geld in einer Form zu halten, die gegen Inflation immun ist, kann dies die Fähigkeit der Zentralbanken untergraben, die Nachfrage durch Änderungen der Zinssätze zu steuern.

Andererseits kann die Deflation, die in der Natur von Bitcoin und einigen anderen Kryptowährungen inhärent ist, dazu führen, dass sie als spekulative Anlagen und nicht als echte Währungen genutzt werden. Dies kann die Volatilität der Preise für diese Kryptowährungen erhöhen, was wiederum ihre Nützlichkeit als Mittel für alltägliche Transaktionen begrenzt.

Trotz dieser Herausforderungen bieten Kryptowährungen auch neue Möglichkeiten für die Wirtschaftspolitik. Zum Beispiel könnten sie dazu dienen, die finanzielle Inklusion zu verbessern, indem sie Dienstleistungen für Menschen bereitstellen, die sonst keinen Zugang zu traditionellen Finanzdienstleistungen hätten. Darüber hinaus könnten sie dazu beitragen, die Effizienz des Finanzsystems zu verbessern, indem sie schnelle, sichere und kostengünstige Transaktionen ermöglichen.

Um diese Möglichkeiten zu nutzen und die damit verbundenen Risiken zu bewältigen, ist eine eingehende Untersuchung und Analyse der Auswirkungen von Inflation und Deflation auf Kryptowährungen erforderlich. Dies erfordert sowohl ein Verständnis der wirtschaftlichen Prinzipien und Dynamiken, die Inflation und Deflation unterliegen, als auch ein Verständnis der spezifischen Eigenschaften und Mechanismen von Kryptowährungen. Dabei wird eine interdisziplinäre Herangehensweise benötigt, die Wirtschaftswissenschaften, Informatik, Recht und andere Bereiche umfasst.

Unter dem Strich bleibt festzuhalten, dass Inflation und Deflation zentrale Themen in der Wirtschaft und im Finanzwesen sind und dass ihr Verständnis für das Verständnis und die Navigation in der Welt der Kryptowährungen von grundlegender Bedeutung ist. Gleichzeitig stellt der Einfluss von Kryptowährungen auf die Inflation und Deflation eine aufkommende Herausforderung und ein aufregendes Forschungsfeld für Ökonomen, Regulierungsbehörden und andere Akteure in der Wirtschaft dar.

Die Auswirkungen von politischen Ereignissen

Politische Ereignisse können erhebliche Auswirkungen auf verschiedene Aspekte des Lebens haben, einschließlich der Wirtschaft und der Finanzmärkte. Sie können sich auf die Verbraucherstimmung, die Investitionsentscheidungen, die Handelsbeziehungen, die Währungskurse und vieles mehr auswirken. Angesichts der wachsenden Bedeutung der Kryptowährungen auf den globalen Märkten ist es unerlässlich, die möglichen Auswirkungen politischer Ereignisse auf diesen Bereich zu verstehen.

Gesetze und Vorschriften sind wichtige Faktoren, die das Wachstum und die Akzeptanz von Kryptowährungen beeinflussen können. Ein positiver gesetzlicher Rahmen kann zur Akzeptanz und Nutzung von Kryptowährungen beitragen, während restriktive Gesetze und Vorschriften das Gegenteil bewirken können. Daher können politische Entscheidungen, die zu einer Änderung der gesetzlichen Rahmenbedingungen führen, erhebliche Auswirkungen auf den Kryptowährungsmarkt haben.

Wahlen und Regierungswechsel können auch erhebliche Auswirkungen auf den Kryptowährungsmarkt haben, da sie oft zu Änderungen in der Wirtschafts- und Finanzpolitik führen. Wenn eine Regierung, die kryptofreundlich ist, an die Macht kommt, könnte dies zu einer positiven Stimmung auf dem Kryptowährungsmarkt führen. Im Gegenteil, wenn eine Regierung, die kritisch gegenüber Kryptowährungen ist, an die Macht kommt, könnte dies zu einer negativen Stimmung führen.

Kriege und Konflikte können auch erhebliche Auswirkungen auf den Kryptowährungsmarkt haben. In Zeiten von Unsicherheit und Instabilität suchen die Menschen oft nach sicheren Häfen für ihr Vermögen, und Kryptowährungen können eine solche Option bieten. Darüber hinaus können Kryptowährungen in Situationen, in denen das traditionelle Finanzsystem nicht verfügbar oder unzuverlässig ist, wie in Kriegs- oder Krisengebieten, von besonderem Nutzen sein.

Auch internationale Beziehungen können einen Einfluss auf Kryptowährungen haben. Handelsabkommen, Sanktionen,

Währungsmanipulationen und andere Formen der internationalen Wirtschaftspolitik können die Nachfrage nach Kryptowährungen beeinflussen. Beispielsweise könnten Sanktionen, die den Zugang zu traditionellen Finanzdienstleistungen einschränken, die Nachfrage nach Kryptowährungen erhöhen.

Nicht nur direkte politische Ereignisse, sondern auch die Reaktionen der Märkte auf diese Ereignisse können erhebliche Auswirkungen auf Kryptowährungen haben. Da Kryptowährungen immer mehr als Anlageklasse anerkannt werden, können sie von den gleichen Marktdynamiken betroffen sein, die auch andere Vermögenswerte beeinflussen. Wenn also politische Ereignisse dazu führen, dass Investoren risikoaverser werden und sich aus risikoreicheren Anlagen zurückziehen, könnte dies auch den Kryptowährungsmarkt beeinflussen.

Angesichts all dieser Faktoren ist es klar, dass politische Ereignisse erhebliche Auswirkungen auf den Kryptowährungsmarkt haben können. Daher ist es für alle, die in diesem Bereich tätig sind, entscheidend, das politische Umfeld und seine möglichen Auswirkungen auf den Markt zu beobachten und zu verstehen. Dies erfordert ein Verständnis sowohl der Politik als auch der Kryptowährungen und der Mechanismen, durch die sie beeinflusst werden können. Daher bleibt es eine spannende und wichtige Aufgabe für Anleger, Marktbeobachter und Forscher, die Interaktionen zwischen Politik und Kryptowährungen weiter zu untersuchen und zu verstehen.

Bitcoin und traditionelle Anlageklassen

Bitcoin im Vergleich zu Aktien und Anleihen

Der Finanzmarkt bietet eine Vielzahl von Anlageklassen, unter denen Aktien, Anleihen und Kryptowährungen wie Bitcoin die bekanntesten sind. Jede dieser Anlageklassen weist einzigartige Charakteristika auf und reagiert unterschiedlich auf Marktdynamiken. Um zu verstehen, wie Bitcoin im Vergleich zu traditionellen Anlageklassen wie Aktien und Anleihen steht, ist es hilfreich, die wesentlichen Eigenschaften und Risiken jeder dieser Klassen zu betrachten.

Aktien repräsentieren Eigentumsanteile an einem Unternehmen. Wenn Sie Aktien kaufen, erwerben Sie effektiv einen kleinen Teil dieses Unternehmens. Dies gibt Ihnen das Recht auf einen Anteil an den zukünftigen Gewinnen des Unternehmens in Form von Dividenden und die Möglichkeit, bei Unternehmensentscheidungen über Stimmrechte mitzuwirken. Aktien können erhebliche Renditen bieten, sind aber auch mit hohen Risiken verbunden. Der Aktienkurs kann schwanken und es besteht das Risiko, dass das Unternehmen Konkurs geht, was dazu führen kann, dass Ihre Investition wertlos wird.

Anleihen hingegen sind Schuldtitel, die von Regierungen, Kommunen oder Unternehmen ausgegeben werden, um Kapital zu beschaffen. Wenn Sie eine Anleihe kaufen, leihen Sie effektiv Geld an den Emittenten und im Gegenzug erhalten Sie regelmäßige Zinszahlungen und die Rückzahlung des Nominalbetrags bei Fälligkeit der Anleihe. Anleihen gelten als sicherere Investition als Aktien, da sie feste Zinszahlungen bieten und im Fall einer Insolvenz des Emittenten vor den Aktionären zurückgezahlt werden. Allerdings sind die Renditen in der Regel geringer und es besteht das Risiko eines Zahlungsausfalls.

Bitcoin, die bekannteste Kryptowährung, ist eine andere Art von Anlageklasse. Bitcoin ist eine digitale Währung, die auf der Blockchain-Technologie basiert. Im Gegensatz zu Aktien und Anleihen gibt es bei Bitcoin keinen Emittenten oder zugrundeliegenden Vermögenswert. Der Wert von Bitcoin wird durch Angebot und Nachfrage auf dem Markt bestimmt. Bitcoin kann erhebliche Renditen bieten, ist aber auch sehr volatil und mit hohen Risiken verbunden. Zudem ist Bitcoin noch relativ neu und die Regulierung ist noch nicht vollständig geklärt, was zu Unsicherheit führen kann.

Im Vergleich zu Aktien und Anleihen bietet Bitcoin einige einzigartige Vorteile. Zum einen ist Bitcoin nicht an die Performance eines Unternehmens oder einer Regierung gebunden, was es zu einer potenziell guten Diversifizierungsoption macht. Zum anderen kann Bitcoin rund um die Uhr gehandelt werden, im Gegensatz zu Aktien und Anleihen, deren Handel in der Regel auf Börsenöffnungszeiten beschränkt ist.

Allerdings gibt es auch einige Nachteile. Der größte ist wahrscheinlich die hohe Volatilität von Bitcoin. Der Preis von Bitcoin kann stark schwanken, was zu erheblichen Verlusten führen kann. Zudem gibt es bei Bitcoin, im Gegensatz zu Aktien und Anleihen, keine regelmäßigen Einkommensströme wie Dividenden oder Zinsen.

Das Verständnis der Unterschiede und Gemeinsamkeiten zwischen diesen Anlageklassen kann Ihnen dabei helfen, eine ausgewogene und diversifizierte Anlagestrategie zu entwickeln. Jede Anlageklasse hat ihre eigenen Risiken und Chancen, und es ist essenziell, diese zu verstehen und eine Anlagestrategie zu wählen, die zu Ihrem Risikoprofil und Ihren finanziellen Zielen passt. Dabei sollten Sie immer berücksichtigen, dass Vergangenheitswerte keine Garantie für zukünftige Ergebnisse sind, und es ist ratsam, professionellen Rat einzuholen, bevor Sie bedeutende Investitionsentscheidungen treffen.

Es ist auch bedeutsam, zu erwähnen, dass die drei Anlageklassen - Bitcoin, Aktien und Anleihen - unterschiedliche Liquiditätsniveaus aufweisen. Während Aktien und Anleihen in der Regel über organisierte Börsen gehandelt werden, mit Tausenden oder sogar Millionen von potenziellen Käufern und Verkäufern, wird Bitcoin oft auf spezialisierten Kryptowährungsbörsen gehandelt. Diese Börsen können weniger liquide sein, was bedeutet, dass größere Käufe oder Verkäufe den Preis von Bitcoin stärker beeinflussen können.

Darüber hinaus spielt die Transparenz eine entscheidende Rolle beim Vergleich dieser Anlageklassen. Unternehmen, die Aktien emittieren, sind gesetzlich verpflichtet, regelmäßige Finanzberichte zu veröffentlichen, die Investoren einen Einblick in ihre Geschäftspraktiken und finanzielle Gesundheit geben. Bei Anleihen können Emittenten, insbesondere Regierungen und große Unternehmen, durch ihre öffentlichen Finanzberichte bewertet werden. Bitcoin hingegen, als dezentralisierte Kryptowährung, bietet eine andere Art von Transparenz. Alle Transaktionen sind in der Blockchain öffentlich und nachverfolgbar, aber die Identitäten der Beteiligten bleiben anonym.

Die regulatorische Landschaft für Bitcoin unterscheidet sich ebenfalls deutlich von der für Aktien und Anleihen. Während die Finanzmärkte für Aktien und Anleihen weitgehend reguliert sind, bleibt Bitcoin in vielen Jurisdiktionen ein Neuland. Dies kann zu Unsicherheit führen und das Risiko von unvorhergesehenen regulatorischen Veränderungen erhöhen, die den Wert von Bitcoin beeinflussen könnten. Zudem sind Kryptowährungsbörsen oft weniger reguliert als traditionelle Börsen, was zu einem erhöhten Risiko von Betrug und Manipulation führen kann.

Trotz dieser Unterschiede und Herausforderungen hat Bitcoin ein enormes Potenzial gezeigt. Die Kryptowährung hat sich als äußerst widerstandsfähig gegenüber externen Schocks erwiesen und hat das Potenzial, als Wertaufbewahrungsmittel zu fungieren, ähnlich wie Gold. Es bleibt abzuwarten, wie sich Bitcoin im Vergleich zu traditionellen Anlageklassen wie Aktien und Anleihen entwickeln wird, aber es ist klar, dass Bitcoin die Fähigkeit hat, die Finanzlandschaft zu verändern und neue Möglichkeiten für Investoren zu schaffen. Es bleibt spannend zu beobachten, wie sich diese dynamische Anlageklasse weiterentwickelt.

Korrelationen und Risiko-Diversifikation

Eine der grundlegenden Strategien zur Risikominderung bei Investitionen ist die Diversifikation. Bei der Diversifikation geht es darum, Ihr Vermögen über verschiedene Anlageklassen, Sektoren und geografische Regionen zu verteilen, um das

Risiko zu mindern, dass eine negative Entwicklung in einem Bereich Ihre gesamte Anlageperformance beeinträchtigt.

Bei der Betrachtung der Korrelationen zwischen Anlageklassen ist eine der Schlüsselüberlegungen, ob diese Anlageklassen tendenziell in die gleiche Richtung bewegen (positive Korrelation) oder ob sie dazu neigen, in entgegengesetzte Richtungen zu bewegen (negative Korrelation). Wenn zwei Anlageklassen eine hohe positive Korrelation aufweisen, bedeutet dies, dass sie wahrscheinlich gleichzeitig an Wert gewinnen oder verlieren werden. Wenn sie eine hohe negative Korrelation aufweisen, bedeutet dies, dass, wenn eine Anlageklasse an Wert gewinnt, die andere wahrscheinlich an Wert verlieren wird.

Bitcoin und andere Kryptowährungen haben sich bisher als relativ unkorreliert mit anderen Anlageklassen erwiesen. Dies bedeutet, dass die Preisbewegungen von Bitcoin oft unabhängig von den Preisbewegungen von Aktien, Anleihen, Rohstoffen und anderen gängigen Anlageklassen sind. Dies macht Bitcoin zu einem potenziell wertvollen Diversifikator in einem Anlageportfolio.

Beachten Sie bitte, dass "unkorreliert" nicht das gleiche wie "risikofrei" ist. Bitcoin und andere Kryptowährungen haben sich als extrem volatil erwiesen, mit raschen Preisschwankungen, die oft schwer vorherzusagen sind. Das bedeutet, dass, obwohl sie das Gesamtrisiko eines Portfolios durch Diversifikation reduzieren können, sie auch das Potenzial für erhebliche Verluste in sich bergen.

Bei der Beurteilung der geeigneten Rolle von Bitcoin oder anderen Kryptowährungen in Ihrem Portfolio sollten Sie daher Ihre persönliche Risikotoleranz berücksichtigen. Wenn Sie bereit und in der Lage sind, das Risiko von erheblichen Wertverlusten in Kauf zu nehmen, könnten Sie möglicherweise von der Aufnahme von Bitcoin in Ihr Portfolio profitieren. Wenn Sie jedoch eher risikoavers sind, könnten Sie entscheiden, dass die Volatilität von Bitcoin zu groß ist, um es zu einer geeigneten Investition für Sie zu machen.

Darüber hinaus sollten Sie auch Ihre individuellen finanziellen Ziele berücksichtigen. Wenn Sie zum Beispiel eine langfristige Investition für Ihren Ruhestand suchen, könnten Sie es vorziehen, sich auf Anlagen zu konzentrieren, die ein beständigeres Wachstum und weniger Volatilität aufweisen. Wenn Sie jedoch nach Anlagen suchen, die das Potenzial für hohe Renditen haben, könnten Sie bereit sein, das erhöhte Risiko von Bitcoin und anderen Kryptowährungen in Kauf zu nehmen.

Vergessen Sie nicht, dass die bisherige Performance kein verlässlicher Indikator für zukünftige Ergebnisse ist. Nur weil Bitcoin in der Vergangenheit eine niedrige Korrelation mit anderen Anlageklassen aufgewiesen hat, bedeutet das nicht, dass dies auch in der Zukunft so bleiben wird. Marktbedingungen können sich schnell ändern, und neue Entwicklungen in der Kryptowährungsbranche könnten die Korrelationen in unvorhersehbare Weisen verändern.

Letztendlich sollten Sie eine gut informierte Entscheidung treffen, basierend auf einer sorgfältigen Beurteilung der Risiken und Potenziale der verschiedenen Anlageklassen. Bitcoin und andere Kryptowährungen bieten spannende neue Möglichkeiten, aber wie bei allen Investitionen ist es wichtig, Ihre Hausaufgaben zu machen und sich bewusst zu sein, dass hohe Renditen oft mit hohen Risiken einhergehen. In einem gut diversifizierten Portfolio können Bitcoin und andere Kryptowährungen eine interessante Rolle spielen, aber sie sollten nicht die einzige Anlageklasse sein, in die Sie investieren. So behalten Sie trotz der Unwägbarkeiten des Marktes stets die Kontrolle über Ihr Vermögen.

Ihr Vermögen zu kontrollieren, bedeutet auch, es regelmäßig zu überwachen und Anpassungen vorzunehmen, wenn sich die Marktbedingungen ändern. Es ist wesentlich, sich stets daran zu erinnern, dass Investitionen, einschließlich Bitcoin und anderen Kryptowährungen, ständiger Überwachung und Anpassung bedürfen. Sie sollten daher regelmäßig die Zusammensetzung Ihres Portfolios überprüfen und sicherstellen, dass es Ihren aktuellen Anlagezielen und Ihrer Risikotoleranz entspricht.

Im Zusammenhang mit Bitcoin und anderen Kryptowährungen könnte dies bedeuten, dass Sie die neuesten Entwicklungen in der Kryptowährungsbranche im Auge behalten, um zu sehen, ob es Veränderungen gibt, die Ihre Anlageentscheidungen beeinflussen könnten. Sie könnten auch die Leistung von Bitcoin im Vergleich zu anderen Anlageklassen in Ihrem Portfolio überwachen und Anpassungen vornehmen, wenn Sie feststellen, dass die Korrelationen sich ändern.

Es ist auch entscheidend, das Konzept der Korrelation in einem breiteren Kontext zu verstehen. Zwar kann Bitcoin als diversifizierendes Element in einem Portfolio dienen, doch Diversifikation ist kein Allheilmittel. Sie hilft, Risiken zu reduzieren, aber sie eliminiert sie nicht vollständig. Selbst ein gut diversifiziertes Portfolio kann erhebliche Verluste erleiden, wenn die Marktbedingungen stark nachteilig sind. Daher sollte der Schwerpunkt auf einem ausgewogenen Mix von Anlagen liegen, der Ihren finanziellen Zielen und Ihrer Risikobereitschaft entspricht.

Zudem sollten Sie auch über die Bedeutung von Zeit beim Investieren nachdenken. Kryptowährungen wie Bitcoin sind in der Regel volatiler als traditionelle Anlageklassen und können daher kurzfristig größere Schwankungen aufweisen. Wenn Sie jedoch einen langfristigen Anlagehorizont haben, könnte diese kurzfristige Volatilität weniger Bedeutung haben. Im Laufe der Zeit haben viele volatile Anlageklassen trotz kurzfristiger Schwankungen eine positive Rendite erzielt.

Schließlich sollten Sie bei der Anwendung von Diversifikationsstrategien immer eine ausgewogene Sichtweise einnehmen. Eine übermäßige Konzentration auf eine einzige Anlageklasse, einschließlich Bitcoin, kann zu erheblichen Risiken führen. Gleichzeitig kann eine übermäßige Diversifikation, bei der Sie Ihr Vermögen zu stark streuen, die potenziellen Renditen begrenzen und es schwieriger machen, Ihre Anlagen effektiv zu verwalten. Das Schlüsselelement ist hier die Balance.

Jede Anlageentscheidung, sei es in Bitcoin oder in eine andere Anlageklasse, sollte auf einer gründlichen Analyse der zugrunde liegenden Fakten und nicht auf Spekulationen basieren. Durch das Verständnis der Mechanismen, die den Wert Ihrer Anlagen treiben, und die Überwachung der sich ändernden Marktbedingungen können Sie fundierte Entscheidungen treffen und das Beste aus Ihren Investitionen herausholen. Daher lohnt es sich, die Zeit und Mühe zu investieren, um Ihre Investitionen sorgfältig zu überwachen und zu verwalten. Denn nur so kann ein optimaler Nutzen aus den

Möglichkeiten, die Bitcoin und andere Kryptowährungen bieten, gezogen werden.

Fortgeschrittene Handelstechniken mit Bitcoin

Nutzung von Derivaten und Leverage

Derivate und Hebelwirkung sind zwei finanzielle Instrumente, die Anlegern ermöglichen, potenziell höhere Renditen zu erzielen, bringen jedoch auch ein erhöhtes Risiko mit sich. Ihre Nutzung sollte immer sorgfältig geprüft und mit dem individuellen Risikoprofil abgestimmt werden.

Derivate sind Finanzkontrakte, deren Wert sich aus dem Preis eines anderen Vermögenswertes ableitet, beispielsweise Aktien, Anleihen, Rohstoffe oder Kryptowährungen. Beispiele für Derivate sind Futures, Optionen und Swaps. Im Kryptowährungsmarkt haben Derivate wie Bitcoin-Futures oder Optionen stark an Popularität gewonnen. Sie bieten Anlegern die Möglichkeit, auf Preisbewegungen zu spekulieren, ohne den zugrunde liegenden Vermögenswert tatsächlich besitzen zu müssen.

Hebelwirkung, auch Leverage genannt, bezeichnet den Einsatz von geliehenem Geld für Investitionen. Durch den Einsatz von Leverage können Anleger eine größere Position einnehmen, als ihr ursprüngliches Kapital zulässt. Dies kann zu potenziell höheren Gewinnen führen, wenn die Investition erfolgreich ist. Jedoch bringt der Einsatz von Leverage auch das Risiko von Verlusten mit sich, die den ursprünglich investierten Betrag überschreiten können, wenn die Investition nicht wie erwartet verläuft.

Bitcoin-Derivate und Leverage können gemeinsam genutzt werden, um komplexe Handelsstrategien umzusetzen. Beispielsweise könnte ein Investor, der glaubt, dass der Preis von Bitcoin steigen wird, einen Leveraged Long-Kontrakt auf einem Bitcoin-Futures-Markt eingehen. Wenn der Preis von Bitcoin tatsächlich steigt, könnte der Investor durch die Hebelwirkung einen Gewinn erzielen, der größer ist, als wenn er Bitcoin direkt gekauft hätte. Umgekehrt könnte bei einem Preisverfall der Verlust durch den Hebel um ein Vielfaches höher ausfallen.

Die Nutzung von Derivaten und Leverage birgt jedoch auch Risiken. Derivate sind komplex und erfordern ein tiefes Verständnis der zugrunde liegenden Märkte und des spezifischen Vertrages. Fehlkalkulationen können zu erheblichen Verlusten führen. Außerdem besteht bei der Verwendung von Leverage immer das Risiko, mehr zu verlieren als ursprünglich investiert wurde. Daher ist es ratsam, vor dem Einsatz von Derivaten und Leverage umfassend über diese Finanzinstrumente aufgeklärt zu sein und deren Risiken zu verstehen.

Darüber hinaus ist es notwendig, stets ein wachsames Auge auf die Marktbedingungen zu haben. Kryptowährungsmärkte sind bekannt für ihre hohe Volatilität, was sowohl Chancen als auch Risiken birgt. Bei Verwendung von Derivaten und Leverage können Preisänderungen zu schnellen und erheblichen Gewinnen oder Verlusten führen. Daher ist es unerlässlich, die Märkte eng zu beobachten und gegebenenfalls schnell zu reagieren.

Der Einsatz von Derivaten und Leverage erfordert auch eine sorgfältige Risikomanagementstrategie. Dazu gehört die Festlegung von Stop-Loss-Orders, die den Handel automatisch schließen, wenn der Preis eines Vermögenswerts einen bestimmten Punkt erreicht, um weitere Verluste zu begrenzen. Auch die Diversifikation kann ein Teil der Risikomanagementstrategie sein, indem sie dazu beiträgt, das Risiko über eine Reihe von verschiedenen Investitionen zu verteilen.

Im Endeffekt bietet der Einsatz von Derivaten und Leverage potenziell höhere Renditen, birgt jedoch auch ein höheres Risiko. Daher sollte ihr Einsatz sorgfältig geprüft und nur dann in Betracht gezogen werden, wenn die Anleger das damit verbundene Risiko verstehen und akzeptieren können. Denn nur wer die Regeln des Spiels kennt und bereit ist, die Risiken einzugehen, kann auf Dauer im rasanten Spiel der Finanzmärkte bestehen. Dabei ist der Schlüssel zu einer erfolgreichen Anlagestrategie stets die richtige Mischung aus Wissen, Risikobereitschaft und Geduld.

Algorithmischer Handel und Bitcoin

Der algorithmische Handel, auch bekannt als Algo-Handel, Automatisierter Handel oder Black-Box-Handel, bezeichnet den Einsatz von Computerprogrammen und Systemen, um Handelsentscheidungen zu treffen und Aufträge auszuführen.

In der Welt von Bitcoin und anderen Kryptowährungen hat der algorithmische Handel eine immer größere Bedeutung erlangt. Durch den 24/7 Betrieb von Kryptowährungsbörsen können algorithmische Handelssysteme rund um die Uhr aktiv sein und jede mögliche Marktbewegung erfassen.

Es gibt verschiedene Arten von Algorithmen, die im Handel eingesetzt werden. Einige zielen darauf ab, Markttrends zu identifizieren und entsprechende Handelsstrategien zu implementieren. Andere suchen nach Preisunterschieden zwischen verschiedenen Börsen und nutzen Arbitragemöglichkeiten. Einige Algorithmen sind darauf ausgelegt, große Aufträge in kleinere zu zerlegen, um den Markteinfluss zu minimieren, während andere dazu dienen, Preisdaten zu analysieren und Handelssignale zu erzeugen.

Ein großer Vorteil des algorithmischen Handels besteht in der Geschwindigkeit und Effizienz. Algorithmen können in Millisekunden auf Marktveränderungen reagieren, viel schneller als ein Mensch. Zudem können sie eine riesige Menge an Daten verarbeiten und analysieren, was eine detaillierte und umfassende Marktanalyse ermöglicht. Dies erlaubt es Händlern, fundierte Entscheidungen auf der Grundlage von aktuellen und präzisen Informationen zu treffen.

Außerdem bietet der algorithmische Handel die Möglichkeit, Emotionen aus dem Handelsprozess zu eliminieren. Menschen sind anfällig für psychologische Bias, die ihre Handelsentscheidungen beeinflussen können, wie etwa Angst oder Gier. Algorithmen hingegen treffen Entscheidungen auf der Grundlage von festgelegten Regeln und Daten, ohne von Emotionen beeinflusst zu werden.

Trotzdem ist der algorithmische Handel nicht ohne Risiken und Herausforderungen. Ein großer Nachteil besteht in der Komplexität und technischen Kenntnissen, die für die Erstellung und Wartung von Handelsalgorithmen erforderlich sind. Zudem können technische Fehler oder Fehlfunktionen erhebliche finanzielle Verluste verursachen. Beispielsweise könnte ein Programmierfehler dazu führen, dass ein Algorithmus fehlerhafte Handelsentscheidungen trifft oder mehr Trades ausführt, als beabsichtigt.

Darüber hinaus ist der algorithmische Handel auch anfällig für das Risiko von Marktmanipulationen. Große Akteure, sogenannte "Whales", könnten versuchen, Algorithmen durch das Platzieren von großen Orders zu täuschen, um den Preis in eine bestimmte Richtung zu lenken.

Des Weiteren kann der Einsatz von Algorithmen die Marktvolatilität erhöhen. In Zeiten hoher Unsicherheit oder Stress können Algorithmen gleichzeitig ähnliche Handelsentscheidungen treffen, was zu plötzlichen und starken Marktbewegungen führen kann. Dies wurde während des "Flash Crash" von 2010 beobachtet, als eine schnelle Abwärtsbewegung durch algorithmischen Handel verursacht wurde.

Trotz dieser Herausforderungen und Risiken bietet der algorithmische Handel das Potenzial für eine effiziente und disziplinierte Handelsstrategie. Durch den Einsatz von Algorithmen können Händler ihre Handelsstrategie genau definieren und systematisch umsetzen, wodurch die Wahrscheinlichkeit von impulsiven oder emotionalen Handelsentscheidungen reduziert wird. Zudem ermöglichen Algorithmen eine schnelle Reaktion auf Marktveränderungen und die Nutzung von Handelsmöglichkeiten, die für menschliche Händler zu schnell oder zu komplex sein könnten.

Es bleibt festzuhalten, dass der algorithmische Handel eine hohe Komplexität und ein tiefes technisches Verständnis erfordert. Zudem sollten Händler sich der Risiken bewusst sein und geeignete Risikomanagementstrategien implementieren, um potenzielle Verluste zu begrenzen. Trotzdem kann der algorithmische Handel, wenn er richtig eingesetzt wird, eine effiziente und leistungsstarke Komponente einer Handelsstrategie sein und dazu beitragen, die Rentabilität und das Risikomanagement zu verbessern. Sie können mit Hilfe von Algorithmen Ihre Handelsstrategien verbessern, Ihr Risiko steuern und möglicherweise Ihre Rentabilität steigern. Es ist daher eine Überlegung wert, sich in diesem Bereich weiterzubilden und die Vorteile, die der algorithmische Handel bieten kann, zu nutzen.

Der algorithmische Handel in der Krypto-Welt schafft unteranderem auch neue Geschäftsmodelle und Investitionsmöglichkeiten. Viele Unternehmen und Start-ups haben Plattformen entwickelt, die algorithmische Handelssysteme für den allgemeinen Gebrauch zugänglich machen. Anstatt eigene Algorithmen zu entwickeln, können Händler und Investoren nun aus einer Vielzahl von vorgefertigten Algorithmen auswählen oder sogar ihre eigenen erstellen, ohne Code schreiben zu müssen. Diese Plattformen bieten oft Backtesting-Tools, mit denen Benutzer die Performance ihrer Algorithmen auf historischen Daten testen können, bevor sie diese in der realen Welt einsetzen.

Gleichzeitig wird die Entwicklung und Implementierung von Algorithmen zunehmend durch fortschrittliche Technologien wie künstliche Intelligenz (KI) und maschinelles Lernen (ML) unterstützt. Diese Technologien können dabei helfen, komplexe Muster in großen Datenmengen zu erkennen und Prognosemodelle zu erstellen, die über die Fähigkeiten herkömmlicher statistischer Methoden hinausgehen. Im Kontext des algorithmischen Handels können KI und ML dazu beitragen, noch effizientere und robustere Handelsstrategien zu entwickeln.

Ein weiterer Aspekt, der beachtet werden sollte, ist der rechtliche und regulatorische Rahmen rund um den algorithmischen Handel. Aufgrund der automatisierten Natur des algorithmischen Handels kann es schwierig sein, Verantwortlichkeiten bei Fehlfunktionen oder Missbrauch zu bestimmen. Daher ist es entscheidend, dass Händler und Investoren die rechtlichen und regulatorischen Anforderungen in ihrem jeweiligen Rechtsraum verstehen und einhalten. Während einige Länder den algorithmischen Handel regulieren, fehlen in anderen klare Leitlinien.

Zudem ist es unerlässlich, Sicherheitsmaßnahmen zu berücksichtigen. Da der algorithmische Handel auf digitalen Plattformen stattfindet, besteht das Risiko von Cyberangriffen und Datendiebstahl. Daher ist es unerlässlich, robuste Sicherheitsprotokolle zu implementieren und ständig auf dem neuesten Stand der Technik zu bleiben, um sich vor potenziellen Bedrohungen zu schützen.

Alles in allem ist der algorithmische Handel eine spannende und potenzielles wachstumsstarke Facette des Bitcoin- und Kryptowährungsmarktes. Dennoch sollten Sie sich stets über die damit verbundenen Risiken und Herausforderungen im Klaren sein. Eine wohlüberlegte, gut informierte und disziplinierte Herangehensweise kann Ihnen dabei helfen, das Potenzial des algorithmischen Handels optimal zu nutzen. Erfolgreicher Handel erfordert fortlaufende Lernbereitschaft, Anpassungsfähigkeit und die Fähigkeit, sowohl technologische als auch marktspezifische Veränderungen zu navigieren. Mit der richtigen Einstellung und Vorbereitung kann der algorithmische Handel ein mächtiges Werkzeug in Ihrem Handelsarsenal sein.

Praktische Überlegungen zur sicheren Aufbewahrung von Bitcoin

Multisignatur-Wallets und andere Sicherheitstechniken

In der sich rasant entwickelnden Welt der Kryptowährungen spielt die Sicherheit eine unverzichtbare Rolle. Sie müssen in der Lage sein, Ihr digitales Vermögen sicher zu verwalten und zu schützen. Hierbei können sogenannte Multisignatur-Wallets und andere Sicherheitstechniken helfen.

Multisignatur-Wallets, auch bekannt als "Multisig"-Wallets, sind digitale Geldbörsen, die eine zusätzliche Sicherheitsebene bieten, indem sie mehrere Signaturen für eine Transaktion erfordern. Im Gegensatz zu traditionellen Wallets, bei denen eine einzige Signatur (also ein privater Schlüssel) ausreicht, um eine Transaktion zu autorisieren, erfordern Multisig-Wallets die

Autorisierung von mindestens zwei verschiedenen Parteien. Diese Anforderung kann angepasst werden, um spezifische Sicherheitsanforderungen zu erfüllen. So kann zum Beispiel eine Multisig-Wallet so konfiguriert werden, dass sie drei von fünf Signaturen benötigt, um eine Transaktion zu autorisieren.

Das Konzept hinter Multisignatur-Wallets ist einfach, aber wirkungsvoll. Da mehrere Schlüssel zur Autorisierung benötigt werden, reduziert es das Risiko eines Diebstahls, da ein potenzieller Angreifer mehrere Schlüssel gleichzeitig stehlen müsste, um auf die Mittel zugreifen zu können. Darüber hinaus bieten Multisig-Wallets eine erhöhte Redundanz. Wenn Sie einen Schlüssel verlieren oder beschädigen, können Sie immer noch auf Ihre Mittel zugreifen, solange Sie über die erforderliche Anzahl von zusätzlichen Schlüsseln verfügen.

Doch neben Multisig-Wallets gibt es noch weitere Sicherheitstechniken, die Ihnen helfen können, Ihre Kryptowährungen zu schützen. Hardware-Wallets sind eine solche Technik. Sie speichern Ihre privaten Schlüssel auf einem physischen Gerät, das offline bleibt, wenn es nicht verwendet wird. Dies macht sie immun gegen Online-Hacking-Angriffe. Hardware-Wallets können oft mit Multisig-Wallets kombiniert werden, um eine noch höhere Sicherheitsstufe zu erreichen.

Ein weiterer Ansatz zur Sicherung Ihrer Kryptowährungen ist die Verwendung von Cold Storage-Techniken. Cold Storage bezieht sich auf die Aufbewahrung von Kryptowährungen in einer Wallet, die nicht mit dem Internet verbunden ist. Das kann eine Hardware-Wallet sein, aber auch Papier-Wallets oder Metall-Wallets gehören dazu. Diese Technik minimiert das Risiko von Online-Hacking-Angriffen, erhöht jedoch das Risiko von physischem Diebstahl oder Verlust.

Zudem gibt es noch fortgeschrittene Techniken wie die Erstellung deterministischer Wallets, die eine Vielzahl von Schlüsseln aus einem einzigen "Seed" generieren können. Diese Technik ermöglicht es Ihnen, Ihre gesamte Wallet mit einem einzigen Backup wiederherzustellen.

Es ist zu beachten, dass keine dieser Techniken absolute Sicherheit bietet. Jede hat ihre eigenen Vor- und Nachteile und es ist Ihre Aufgabe, sie zu verstehen und entsprechend Ihrer individuellen Bedürfnisse und Risikotoleranz anzuwenden. Denken Sie auch bitte daran, dass die Sicherheit von Kryptowährungen nicht nur von der Technologie abhängt, sondern auch von Ihrer Fähigkeit, sicherheitsbewusste Verhaltensweisen zu entwickeln und beizubehalten.

Egal, welche Techniken Sie anwenden, es ist unabdingbar, dass Sie Ihre privaten Schlüssel sicher aufbewahren und niemals mit anderen teilen. Sie sollten auch regelmäßige Backups Ihrer Wallet durchführen und sicherstellen, dass Ihre Wallet-Software stets auf dem neuesten Stand ist. Vergessen Sie nicht, dass die ultimative Verantwortung für die Sicherheit Ihrer Kryptowährungen bei Ihnen liegt. Mit der richtigen Vorbereitung und den richtigen Werkzeugen können Sie jedoch eine solide Sicherheitsinfrastruktur aufbauen, die Ihre digitalen Assets schützt.

Während der Großteil der Diskussion um Kryptowährungs-Sicherheit sich auf die Technologie und die damit verbundenen Best Practices konzentriert, darf ein weiterer wichtiger Aspekt nicht übersehen werden - die menschliche Komponente. Es reicht nicht aus, die fortschrittlichsten Technologien und Prozesse zu implementieren, wenn Sie, der Benutzer, nicht auch Ihre Handlungen und Entscheidungen sorgfältig überwachen.

Zum Beispiel könnte man argumentieren, dass Phishing-Angriffe - bei denen Angreifer versuchen, Sie dazu zu bringen, Ihre persönlichen Daten oder Zugangsdaten preiszugeben - eine der größten Bedrohungen für die Sicherheit von Kryptowährungen darstellen. Sie sind jedoch eher eine Bedrohung aufgrund menschlichen Versagens als technologischer Schwachstellen. Die Fähigkeit, Phishing-Angriffe zu erkennen und zu vermeiden, ist daher ein wesentlicher Bestandteil einer effektiven Sicherheitsstrategie.

Ein weiteres Beispiel ist die sorgfältige Verwaltung und Aufbewahrung Ihrer privaten Schlüssel. Während Technologien wie Hardware-Wallets und Multisig-Wallets dazu beitragen können, Ihre Schlüssel sicher zu speichern, liegt es letztlich an Ihnen, sicherzustellen, dass Sie nicht fahrlässig handeln. Das bedeutet, dass Sie keine Notizen mit Ihren privaten Schlüsseln an Orten aufbewahren sollten, die leicht zugänglich oder sichtbar sind, und dass Sie nicht das gleiche Passwort für mehrere Dienste verwenden sollten.

Es geht jedoch nicht nur darum, Fehler zu vermeiden. Es geht auch darum, proaktiv zu sein und zu lernen, wie man sicher handelt. Das könnte bedeuten, dass Sie regelmäßig über neue Bedrohungen und Sicherheitslücken informiert bleiben, dass Sie lernen, wie man sicher im Internet surft, oder dass Sie Ihre digitalen Gewohnheiten überdenken und gegebenenfalls ändern.

Schließlich ist es auch entscheidend, dass Sie Ihre digitalen Assets nicht in einer einzigen Wallet oder auf einer einzigen Plattform aufbewahren. Die Verwendung von diversen

Speicherorten und -formen erhöht nicht nur die Redundanz und verringert das Risiko eines Totalverlusts, sondern hilft auch dabei, verschiedene Arten von Bedrohungen zu mildern. Während eine Börse oder eine Online-Wallet bequem sein mag, sollte sie nie als primärer Speicherort für Ihre Kryptowährungen dienen. Offline-Speicheroptionen wie Hardware-Wallets und Cold Storage sind unerlässlich, um die Sicherheit Ihrer Kryptowährungen zu gewährleisten.

So technologisch fortgeschritten die Kryptowährungsbranche auch sein mag, sie ist letzlich nur so sicher wie die Menschen, die sie nutzen. Indem Sie sich sowohl auf die technologischen als auch auf die menschlichen Aspekte der Sicherheit konzentrieren, können Sie Ihre Kryptowährungen effektiv schützen und sicherstellen, dass Sie die zahlreichen Vorteile, die diese revolutionäre Technologie bietet, voll ausschöpfen können.

Backup und Recovery-Strategien

Die Sicherheit Ihrer Kryptowährungen ist ein mehrschichtiger Prozess, und eine der wichtigsten Komponenten davon ist eine solide Backup- und Recovery-Strategie. Obwohl Kryptowährungswallets oft mit starken Sicherheitsfunktionen ausgestattet sind, ist das Risiko von Verlusten durch Unfälle, Hardwareversagen oder andere unvorhergesehene Ereignisse immer noch real und kann nicht ignoriert werden.

Die erste Regel bei der Erstellung eines Backups für Ihr Krypto-Wallet ist, niemals nur ein einziges Backup zu haben. Es ist ratsam, mehrere Kopien an verschiedenen physischen

Standorten zu haben. Ein Hausbrand oder Diebstahl könnte beispielsweise sowohl Ihren Computer als auch Ihr lokales Backup zerstören. Deshalb sollten Sie mindestens eine Kopie an einem sicheren und getrennten Ort aufbewahren.

Die Wahl des Mediums für Ihr Backup ist auch ein wichtiger Faktor. Sie können zwischen Papier, Metall, einem externen Laufwerk oder einem spezialisierten Backup-Gerät wählen. Papier und Metall sind für den Fall gedacht, dass Sie sich Sorgen um digitale Angriffe machen und wollen, dass Ihr Backup vollständig offline ist. Externe Laufwerke und spezielle Backup-Geräte bieten hingegen Komfort und zusätzliche Sicherheitsfunktionen.

Unabhängig von der gewählten Methode ist es wichtig, dass Sie Ihr Backup auf seine Genauigkeit überprüfen. Ein einziger Tippfehler könnte Sie den Zugang zu Ihren Kryptowährungen kosten. Stellen Sie sicher, dass Sie Ihre Backups regelmäßig überprüfen und aktualisieren, um sicherzustellen, dass sie noch funktionieren und aktuell sind.

Ebenso essenziell wie das Backup selbst ist die Wiederherstellungsstrategie. Wenn Sie den Zugang zu Ihrer Wallet verlieren, müssen Sie in der Lage sein, sie schnell und sicher wiederherzustellen. Das bedeutet, dass Sie wissen müssen, wie das Wiederherstellungsverfahren funktioniert und dass Sie es in einer sicheren Umgebung durchführen müssen. Dies könnte beispielsweise das Wiederherstellen Ihrer Wallet auf einem neuen Gerät beinhalten, bevor Sie sie auf Ihrem Hauptgerät wiederherstellen.

Außerdem ist es sinnvoll, eine Wiederherstellungsphrase oder einen sogenannten "Seed" zu verwenden. Dies ist eine Reihe von Wörtern, die bei der Erstellung Ihrer Wallet generiert werden und die zum Wiederherstellen Ihrer Kryptowährungen verwendet werden können. Diese Phrase sollte so sicher wie möglich aufbewahrt und niemals digital gespeichert werden, um sie vor Hackern zu schützen.

Ein weiterer Aspekt, der oft übersehen wird, ist die Sicherung der Zugangsdaten zu Kryptowährungsbörsen. Während es ideal ist, den Großteil Ihrer Kryptowährungen in einer privaten Wallet zu halten, ist es wahrscheinlich, dass Sie auch einige auf Börsen halten. Stellen Sie sicher, dass Sie auch diese Zugangsdaten sichern und wissen, wie Sie Ihr Konto wiederherstellen können, falls Sie den Zugang dazu verlieren.

Unabhängig davon, wie sicher Ihre Backup- und Recovery-Strategien sind, ist es auch entscheidend, dass Sie Ihre Sicherheitspraktiken regelmäßig überprüfen und aktualisieren. Die Kryptowährungslandschaft entwickelt sich ständig weiter und neue Bedrohungen können entstehen. Durch regelmäßige Überprüfungen können Sie sicherstellen, dass Sie immer auf dem neuesten Stand der besten Praktiken sind und dass Ihre Kryptowährungen so sicher wie möglich sind.

Mit den richtigen Backup- und Recovery-Strategien können Sie sicherstellen, dass Sie immer Zugang zu Ihren Kryptowährungen haben, egal was passiert. Es erfordert zwar Zeit und Aufmerksamkeit, um alles richtig einzurichten und zu verwalten, aber die Sicherheit und der Seelenfrieden, die es bietet, sind unbezahlbar.

Zusätzlich zur Aufbewahrung von Backups an unterschiedlichen Orten und zur Verwendung unterschiedlicher Medien könnten Sie auch in Betracht ziehen, die Sicherung Ihrer Kryptowährungen durch die Nutzung von

Multisignatur-Wallets zu stärken. Diese Wallets erfordern mehrere Unterschriften oder Genehmigungen, um eine Transaktion durchzuführen. Dadurch wird eine zusätzliche Sicherheitsebene eingeführt, indem sichergestellt wird, dass selbst wenn ein Schlüssel kompromittiert wird, Ihre Kryptowährungen immer noch sicher sind.

Eine weitere Überlegung für Ihre Backup-Strategie ist die Einbeziehung von Familienmitgliedern oder vertrauenswürdigen Personen. Im Falle eines unerwarteten Ereignisses könnte diese Person darauf vorbereitet sein, die Kontrolle über Ihre digitalen Assets zu übernehmen. Dabei ist es von Bedeutung, eine sorgfältige Auswahl zu treffen und zu prüfen, ob diese Personen das nötige Wissen und Verständnis von Kryptowährungen haben. Die Weitergabe der Wiederherstellungsphrase, die Sie sicher aufbewahrt haben, könnte hierbei ein Aspekt sein.

Trotz der Sicherheit, die eine solide Backup- und Wiederherstellungsstrategie bietet, sollten Sie niemals den Aspekt der physischen Sicherheit ignorieren. Egal wie stark Ihr Passwort ist oder wie viele Backups Sie haben, wenn jemand physischen Zugang zu Ihrem Computer oder Ihren Speichermedien hat, könnten Ihre Kryptowährungen gefährdet sein. Ein sicherer Ort zur Aufbewahrung Ihrer Geräte und Backup-Medien, wie ein Safe oder ein Schließfach, kann dazu beitragen, dieses Risiko zu mindern.

Außerdem sollte man die Möglichkeit in Betracht ziehen, eine spezielle Versicherung für Kryptowährungen abzuschließen. In den letzten Jahren haben verschiedene Versicherungsgesellschaften Produkte auf den Markt gebracht, die speziell dazu dienen, Kryptowährungen gegen Verlust oder

Diebstahl zu versichern. Diese können eine zusätzliche Sicherheitsschicht bieten, besonders wenn Sie eine erhebliche Menge an Kryptowährungen besitzen.

Wie immer in der Welt der Kryptowährungen ist Bildung der Schlüssel. Indem Sie sich kontinuierlich über die neuesten Sicherheitsbedrohungen und -lösungen informieren, können Sie sicherstellen, dass Sie immer einen Schritt voraus sind. Online-Kurse, Webinare und Artikel können wertvolle Ressourcen sein, um Ihr Wissen auf dem neuesten Stand zu halten. Seien Sie vorsichtig und gewissenhaft, dann bleiben Ihre digitalen Assets sicher. Ihre Kryptowährungen sind ein wertvolles Gut, und es ist Ihre Verantwortung, sie zu schützen. Mit den richtigen Strategien und Werkzeugen können Sie sich darauf verlassen, dass Sie für jede Situation gut gerüstet sind.

Skalierung von Bitcoin

On-Chain und Off-Chain Lösungen

In der Welt der Kryptowährungen sind On-Chain- und Off-Chain-Lösungen zwei verschiedene Ansätze zur Verarbeitung von Transaktionen. Sie haben beide ihre Stärken und Schwächen und spielen eine entscheidende Rolle bei der Gestaltung der Zukunft von Kryptowährungen wie Bitcoin. Aber was bedeuten diese Begriffe genau und was bedeuten sie für Sie?

On-Chain-Transaktionen sind alle Transaktionen, die direkt auf der Blockchain von Bitcoin oder einer anderen Kryptowährung stattfinden. Diese Transaktionen sind dezentralisiert und vollkommen transparent, da sie in der Blockchain aufgezeichnet werden und von jedem, der Zugang zur Blockchain hat, gesehen und verifiziert werden können. Sie sind unveränderlich und dauerhaft, was bedeutet, dass sie nicht geändert oder gelöscht werden können, sobald sie bestätigt wurden.

Die Stärke von On-Chain-Transaktionen liegt in ihrer Sicherheit und Transparenz. Da sie dezentralisiert und von vielen verschiedenen Parteien verifiziert werden, sind sie sehr schwierig zu manipulieren oder zu fälschen. Diese Eigenschaften machen sie besonders attraktiv für Anwendungen, die hohe Sicherheitsstandards erfordern.

Auf der anderen Seite kann das On-Chain-Verfahren jedoch langsam und teuer sein, insbesondere bei Netzwerken mit hoher Auslastung. Die Anzahl der Transaktionen, die jede Sekunde verarbeitet werden können, ist begrenzt, und wenn das Netzwerk überlastet ist, können die Transaktionsgebühren steigen. Zudem kann der hohe Energieverbrauch, den das Mining-Prozess erfordert, zu Bedenken in Bezug auf die Umweltverträglichkeit führen.

Off-Chain-Transaktionen hingegen finden außerhalb der Blockchain statt. Sie können zwischen zwei Parteien direkt, durch einen Vermittler oder auf einer Sidechain, einer sekundären Blockchain, die parallel zur Hauptblockchain läuft, durchgeführt werden. Diese Transaktionen werden oft für kleinere, weniger wichtige Transaktionen verwendet, die nicht unbedingt die Sicherheit und Transparenz der Blockchain benötigen.

Der Vorteil von Off-Chain-Transaktionen ist, dass sie schneller und billiger als On-Chain-Transaktionen sein können. Da sie nicht auf der Blockchain verifiziert werden müssen, können sie fast sofort und oft ohne Gebühren durchgeführt werden. Dies macht sie ideal für Mikrotransaktionen, die auf der Blockchain unwirtschaftlich wären.

Ein bekanntes Beispiel für eine Off-Chain-Lösung ist das Lightning Network für Bitcoin. Es ermöglicht schnelle und kostengünstige Transaktionen, indem es einen Zahlungskanal zwischen zwei Parteien öffnet und nur die Eröffnungs- und Schließtransaktionen auf die Blockchain schreibt. Dies kann die Effizienz und Skalierbarkeit des Bitcoin-Netzwerks erheblich verbessern.

Allerdings sind Off-Chain-Transaktionen nicht so sicher und transparent wie On-Chain-Transaktionen. Da sie nicht in der Blockchain aufgezeichnet werden, können sie nicht von der gesamten Netzwerkcommunity gesehen und verifiziert werden. Zudem besteht das Risiko, dass bei einer Insolvenz oder einem Angriff auf den Dritten, der die Off-Chain-Transaktionen abwickelt, Geld verloren gehen könnte.

Die Wahl zwischen On-Chain- und Off-Chain-Lösungen hängt von den spezifischen Anforderungen Ihrer Transaktionen ab. Wenn Sie hohe Sicherheit und Transparenz benötigen, könnten On-Chain-Transaktionen die bessere Wahl sein. Wenn Sie jedoch schnelle und günstige Transaktionen durchführen möchten, könnten Off-Chain-Transaktionen besser geeignet sein. Im Idealfall könnten beide Lösungen zusammenarbeiten, um ein Gleichgewicht zwischen Sicherheit, Geschwindigkeit und Kosten zu erreichen. Dies ist ein Bereich, der in den kommenden Jahren wahrscheinlich weiter erforscht und entwickelt wird. Es ist spannend, die Fortschritte zu beobachten und zu sehen, welche neuen Lösungen und Innovationen in diesem Bereich entstehen werden.

Sharding und Sidechains

In der Welt der Blockchain-Technologie spielen Sharding und Sidechains eine entscheidende Rolle bei der Bewältigung der Herausforderungen der Skalierbarkeit und Leistung. Diese beiden Konzepte haben das Potenzial, die Geschwindigkeit und Kapazität von Blockchain-Netzwerken deutlich zu verbessern, und haben bereits Anwendung in einer Reihe von Kryptowährungen und Blockchain-Plattformen gefunden.

Sharding ist ein Konzept, das ursprünglich aus der Datenbanktechnologie stammt und eine Methode zur Verbesserung der Skalierbarkeit und Leistung darstellt. Im Kontext der Blockchain bezieht sich Sharding auf die Aufteilung der gesamten Blockchain in kleinere, handhabbare Segmente, die als "Shards" bezeichnet werden. Jeder Shard enthält eine eigenständige Blockchain und wird von einem Subnetzwerk von Knoten gehandhabt.

Der große Vorteil von Sharding besteht darin, dass nicht jeder Knoten im Netzwerk jede Transaktion verifizieren und jeden Block hinzufügen muss. Stattdessen wird jede Transaktion nur von den Knoten innerhalb des relevanten Shards verarbeitet. Dies kann die Gesamtzahl der Transaktionen, die das Netzwerk pro Sekunde verarbeiten kann, erheblich erhöhen und so die Skalierbarkeit verbessern.

Ein Beispiel für eine Kryptowährung, die Sharding verwendet, ist Ethereum 2.0. In dieser neuen Version des Ethereum-Netzwerks wird die Blockchain in 64 Shards aufgeteilt, wodurch die Kapazität des Netzwerks erhöht und die Transaktionszeiten reduziert werden sollen.

Sidechains sind eine weitere Lösung für das Problem der Skalierbarkeit. Sie sind im Grunde genommen separate Blockchains, die parallel zur Hauptblockchain (der sogenannten "Mainchain") laufen und spezielle Funktionen oder Aufgaben ausführen können. Transaktionen können von der Hauptblockchain auf eine Sidechain übertragen werden und umgekehrt.

Die Idee hinter Sidechains ist, dass sie die Last von der Hauptblockchain nehmen können, indem sie bestimmte Arten von Transaktionen oder Datenverarbeitungsaufgaben abwickeln. So könnte beispielsweise eine Sidechain speziell für die Abwicklung von Mikrotransaktionen oder für die Ausführung von Smart Contracts eingerichtet werden. Durch die Verlagerung dieser Aufgaben auf eine Sidechain kann die Hauptblockchain effizienter arbeiten.

Darüber hinaus ermöglichen Sidechains auch eine größere Flexibilität und Innovation. Da sie unabhängig von der Hauptblockchain sind, können sie verschiedene Regeln, Konsensmechanismen oder Funktionen implementieren. Dies ermöglicht es Entwicklern, neue Ideen und Lösungen zu testen, ohne die Integrität oder Sicherheit der Hauptblockchain zu gefährden.

Ein Beispiel für die Verwendung von Sidechains ist die Liquid Network Sidechain für Bitcoin. Diese Sidechain ermöglicht schnelle, vertrauliche Bitcoin-Transaktionen und die Ausgabe von digitalen Assets.

Es ist zu beachten, dass sowohl Sharding als auch Sidechains ihre eigenen Herausforderungen und Risiken mit sich bringen. Bei Sharding können beispielsweise Sicherheitsprobleme auftreten, wenn einzelne Shards weniger gut geschützt sind als das gesamte Netzwerk. Bei Sidechains besteht das Risiko, dass die Verbindung zwischen der Mainchain und der Sidechain kompromittiert wird.

Trotz dieser Herausforderungen bieten Sharding und Sidechains vielversprechende Lösungen für die Skalierbarkeitsprobleme, mit denen Blockchain-Netzwerke derzeit konfrontiert sind. Durch die kontinuierliche Forschung und Entwicklung in diesem Bereich werden diese Technologien wahrscheinlich weiter verfeinert und verbessert, um die wachsenden Anforderungen der Blockchain-Nutzer und -Anwendungen zu erfüllen. Diese Entwicklungen deuten auf eine spannende Zukunft für die Blockchain-Technologie hin und bieten Ihnen als Nutzer neue Möglichkeiten zur Interaktion mit und Nutzung von Kryptowährungen und blockchainbasierten Dienstleistungen.

Es gibt noch andere Aspekte, die das Potenzial von Sharding und Sidechains hervorheben. Einer dieser Aspekte ist die Interoperabilität zwischen verschiedenen Blockchains. Durch die Verwendung von Sharding und Sidechains können Transaktionen und Informationen zwischen verschiedenen Blockchains ausgetauscht werden, was die Zusammenarbeit und Kommunikation zwischen verschiedenen

Blockchain-Netzwerken verbessert. Dies ermöglicht die Schaffung von sogenannten "Cross-Chain"-Anwendungen, die auf mehreren Blockchains gleichzeitig operieren können.

Die Interoperabilität ist von entscheidender Bedeutung für die Zukunft der Blockchain-Technologie, da sie es ermöglicht, die Stärken verschiedener Blockchains zu kombinieren und den Nutzern mehr Wahlmöglichkeiten bietet. Anstatt sich auf eine einzelne Blockchain-Plattform festzulegen, können Nutzer und Entwickler die für ihre spezifischen Bedürfnisse am besten geeignete Plattform auswählen und gleichzeitig von den Vorteilen und Funktionen anderer Plattformen profitieren.

Zum Beispiel kann ein Nutzer, der die hohe Sicherheit und Zuverlässigkeit von Bitcoin schätzt, aber die erweiterten Smart-Contract-Funktionen von Ethereum nutzen möchte, eine Sidechain oder einen Shard verwenden, der mit beiden Netzwerken kompatibel ist. Dies eröffnet eine Vielzahl von Möglichkeiten und macht die Blockchain-Technologie insgesamt flexibler und nützlicher.

Darüber hinaus ermöglichen Sharding und Sidechains auch die Schaffung von privaten, unternehmensspezifischen Blockchains, die mit öffentlichen Blockchains verbunden sind. Diese sogenannten "Consortium Blockchains" können von einem bestimmten Unternehmen oder einer Gruppe von Unternehmen betrieben werden und erlauben es ihnen, die Vorteile der Blockchain-Technologie zu nutzen, während sie gleichzeitig die Kontrolle über ihre eigenen Daten und Transaktionen behalten.

Letztlich tragen Sharding und Sidechains dazu bei, die Blockchain-Technologie insgesamt robuster, skalierbarer und vielseitiger zu machen. Sie sind wichtige Werkzeuge für die

Bewältigung der Herausforderungen, die mit der wachsenden Beliebtheit und Nutzung von Blockchain-Netzwerken verbunden sind. Mit der kontinuierlichen Verbesserung dieser Technologien und dem wachsenden Verständnis ihrer Anwendungsmöglichkeiten werden sie wahrscheinlich eine immer wichtigere Rolle in der Entwicklung und Nutzung von Blockchains und Kryptowährungen spielen. Dies bedeutet, dass Sie als Nutzer oder Investor in Kryptowährungen die Entwicklungen in diesem Bereich genau im Auge behalten sollten, um die Vorteile, die diese Technologien bieten, voll ausschöpfen zu können.

Das Bitcoin-Ökosystem und seine Beteiligten

Rolle von Börsen und Wallet-Anbietern

Börsen und Wallet-Anbieter spielen eine wesentliche Rolle in der Kryptowährungslandschaft, da sie als Zugangspunkte für Einzelpersonen und Unternehmen dienen, die in digitale Währungen investieren oder diese nutzen möchten. Sie erleichtern nicht nur den Kauf und Verkauf von Kryptowährungen, sondern bieten auch Dienstleistungen an, die zur sicheren Aufbewahrung und zum effizienten Management digitaler Assets benötigt werden.

Beginnen wir mit den Börsen. Börsen sind Plattformen, auf denen Nutzer Kryptowährungen kaufen, verkaufen und handeln können. Es gibt verschiedene Arten von Börsen, darunter zentralisierte Börsen (CEX), dezentralisierte Börsen (DEX) und hybride Modelle. Zentralisierte Börsen sind die gebräuchlichsten und werden von einem Unternehmen oder einer Organisation betrieben, die Transaktionen auf ihrer Plattform erleichtert. Diese Börsen bieten in der Regel eine Benutzeroberfläche, die für Einsteiger leicht zu verstehen und zu navigieren ist. Zudem bieten sie oft zusätzliche Dienstleistungen an, wie z.b. Kundensupport, fortgeschrittene Handelsfunktionen und Versicherungen für digitale Assets.

Auf der anderen Seite stehen dezentralisierte Börsen, die peer-to-peer-Transaktionen ermöglichen, ohne dass eine zentrale Behörde oder ein Vermittler benötigt wird. Sie bieten in der Regel mehr Privatsphäre und Autonomie als zentralisierte Börsen, da sie den Nutzern die volle Kontrolle über ihre privaten Schlüssel und ihre digitalen Assets geben. Allerdings sind sie oft schwieriger zu bedienen und haben weniger Benutzerschutzmaßnahmen im Vergleich zu zentralisierten Börsen.

Als nächstes kommen Wallet-Anbieter ins Spiel. Wallets sind digitale "Brieftaschen", in denen Kryptowährungen sicher aufbewahrt werden können. Es gibt verschiedene Arten von Wallets, darunter Hardware-Wallets, Software-Wallets und Web-Wallets. Hardware-Wallets sind physische Geräte, die private Schlüssel offline speichern, was sie vor Online-Hacks schützt. Software-Wallets sind Programme, die auf Computern oder mobilen Geräten installiert werden können und eine Verbindung zum Internet benötigen. Web-Wallets sind Online-Dienste, die von Drittanbietern bereitgestellt werden und über einen Webbrowser zugänglich sind.

Wallet-Anbieter bieten eine Vielzahl von Dienstleistungen an, darunter die Erstellung und Verwaltung von Wallets, die Durchführung von Transaktionen und die Bereitstellung von Sicherheitsmaßnahmen wie Verschlüsselung und Zwei-Faktor-Authentifizierung. Einige Wallet-Anbieter bieten auch zusätzliche Funktionen an, wie z.B. die Integration mit Börsen, die Unterstützung für mehrere Kryptowährungen und die Bereitstellung von Benachrichtigungen und Updates zu Markttrends und -bewegungen.

Zusammen betrachtet, sind Börsen und Wallet-Anbieter entscheidend für das Funktionieren des Kryptowährungsökosystems. Sie bieten die Infrastruktur, die benötigt wird, um digitale Währungen zugänglich, handelbar und sicher zu machen. Dabei gilt es jedoch zu bedenken, dass die Nutzung dieser Dienste auch Risiken mit sich bringt. Die zentralisierte Natur vieler Börsen und Wallet-Anbieter macht sie zu attraktiven Zielen für Hacker und Diebe. Es ist dennoch von Bedeutung, bei der Auswahl einer Börse oder eines Wallet-Anbieters auf dessen Sicherheitsmaßnahmen und -protokolle zu achten und seine digitalen Assets regelmäßig zu überwachen und zu sichern.

Der Markt für Börsen und Wallet-Anbieter entwickelt sich ständig weiter, um neue Anforderungen und Herausforderungen zu erfüllen. Neue Technologien und Standards, wie z.B. dezentralisierte Börsen und selbstverwahrende Wallets, bieten mehr Autonomie und Sicherheit, können aber auch komplexer und schwieriger zu nutzen sein. Im Gegensatz dazu können zentralisierte Dienste benutzerfreundlicher und zugänglicher sein, können aber auch mehr Risiken in Bezug auf Datenschutz und Sicherheit mit sich bringen. Letzten Endes ist es eine Frage des individuellen

Bedarfs und der Risikobereitschaft, welche Art von Börse und Wallet am besten zu Ihnen passt.

Um das Risiko zu minimieren, wird empfohlen, verschiedene Arten von Börsen und Wallets zu nutzen. Zentralisierte Börsen können beispielsweise nützlich sein, um schnell und einfach Kryptowährungen zu kaufen und zu verkaufen, während dezentralisierte Börsen die Möglichkeit bieten, ohne Mittelsmann zu handeln und dabei mehr Anonymität und Kontrolle zu behalten.

In ähnlicher Weise können verschiedene Arten von Wallets in verschiedenen Situationen verwendet werden. Ein Hardware-Wallet kann beispielsweise als "Tresor" für Ihre wertvollsten digitalen Assets dienen, während ein Software- oder Web-Wallet für alltägliche Transaktionen und zum Handel genutzt werden kann.

Börsen und Wallet-Anbieter spielen auch eine wichtige Rolle in Bezug auf Regulierung und Compliance. Mit zunehmender Akzeptanz und Verbreitung von Kryptowährungen fordern Regulierungsbehörden weltweit mehr Transparenz und Rechenschaftspflicht von diesen Anbietern. Dies hat zu einer Reihe von neuen Standards und Praktiken geführt, darunter Know-Your-Customer (KYC)-Verfahren, Anti-Geldwäsche (AML)-Richtlinien und die Berichterstattung von Transaktionsdaten. Diese Maßnahmen zielen darauf ab, das Risiko von Betrug, Geldwäsche und anderen illegalen Aktivitäten zu minimieren.

Es gibt jedoch auch Bedenken hinsichtlich der Privatsphäre und der Autonomie der Nutzer. Einige in der Krypto-Community befürchten, dass diese Regulierungen zu weit gehen und die Grundprinzipien von Kryptowährungen, wie Dezentralisierung und Nutzerkontrolle, untergraben könnten. Daher gibt es Bemühungen, Lösungen zu finden, die sowohl die regulatorischen Anforderungen erfüllen als auch die Rechte und Freiheiten der Nutzer respektieren.

In der sich ständig weiterentwickelnden Welt der Kryptowährungen sind Börsen und Wallet-Anbieter die Brücke, die traditionelle Finanzsysteme und neue Formen des digitalen Geldes miteinander verbindet. Sie ermöglichen den Zugang zu neuen Märkten und Technologien, unterstützen die Einhaltung von Vorschriften und tragen zur allgemeinen Akzeptanz von Kryptowährungen bei. Doch trotz aller Vorteile ist es wesentlich, dass Sie stets achtsam und informiert bleiben und sich bewusst sind, dass Ihre Entscheidungen und Handlungen in dieser neuen finanziellen Landschaft sowohl Chancen als auch Risiken mit sich bringen. Denken Sie immer daran, dass der sichere und verantwortungsvolle Umgang mit Ihren digitalen Assets und Finanztransaktionen in Ihrer eigenen Hand liegt.

Die wachsende Rolle von DeFi in Bitcoin

Decentralized Finance, kurz DeFi, hat sich in den letzten Jahren zu einem wichtigen Faktor in der Bitcoin- und allgemeinen Kryptowährungslandschaft entwickelt. Der Begriff "DeFi" bezeichnet einen Bereich von Finanzanwendungen, die auf Blockchain-Technologien basieren und darauf abzielen, die traditionellen Finanzdienstleistungen zu dezentralisieren. Der Kerngedanke von DeFi besteht darin, dass jeder Mensch weltweit Zugang zu Finanzdienstleistungen haben sollte, unabhängig von seinem Standort oder seinem sozioökonomischen Status.

Die Entwicklung von DeFi ist vor allem mit Ethereum verbunden, da die meisten DeFi-Anwendungen auf der Ethereum-Blockchain aufbauen. Allerdings hat auch Bitcoin eine wachsende Rolle im DeFi-Sektor, vor allem durch das Aufkommen von Wrapped Bitcoin (WBTC), einem auf Ethereum basierenden Token, der 1:1 mit Bitcoin hinterlegt ist und so ermöglicht, Bitcoin in DeFi-Anwendungen zu verwenden.

Die DeFi-Branche bietet eine breite Palette von Anwendungen, die das Spektrum traditioneller Finanzdienstleistungen abdecken. Dazu gehören dezentrale Börsen (DEX), auf denen Nutzer Kryptowährungen direkt und ohne die Notwendigkeit eines intermediären Brokers handeln können, Kredit- und Darlehensplattformen, auf denen Nutzer Kryptowährungen verleihen oder leihen können, und sogenannte Yield Farming Plattformen, auf denen Nutzer hohe Renditen erzielen können, indem sie ihre Kryptowährungen in bestimmten Liquiditätspools hinterlegen.

Ein wichtiger Aspekt der DeFi-Bewegung ist die Verwendung von Smart Contracts. Smart Contracts sind selbstausführende Verträge mit den Bedingungen der Vereinbarung direkt in den Code geschrieben, der auf einer Blockchain gespeichert wird. Durch den Einsatz von Smart Contracts können DeFi-Anwendungen komplexe Finanztransaktionen durchführen, ohne dass ein Mittelsmann oder Vertrauensperson benötigt wird. Dies erhöht die Effizienz und verringert die Kosten für die Nutzer.

In Bezug auf Bitcoin kann DeFi dazu beitragen, die Nutzbarkeit und das Potenzial der Währung zu erweitern. Durch die

Integration von Bitcoin in DeFi-Anwendungen können Bitcoin-Inhaber von den Vorteilen der DeFi-Branche profitieren, wie z.B. ertragreiches Yield Farming, ohne ihre Bitcoin verkaufen zu müssen. Darüber hinaus könnte DeFi dazu beitragen, die Akzeptanz von Bitcoin zu erhöhen, indem es neue Use Cases und Dienstleistungen bereitstellt, die über das reine Spekulations- und Wertaufbewahrungspotenzial von Bitcoin hinausgehen.

Allerdings sollte man bedenken, dass der DeFi-Sektor auch seine eigenen Herausforderungen und Risiken mit sich bringt. Dazu gehören unter anderem das Risiko von Smart Contract Fehlern oder Hacks, die Volatilität von DeFi-Token und die regulatorischen Unsicherheiten. Darüber hinaus gibt es Bedenken hinsichtlich des möglichen Missbrauchs von DeFi-Anwendungen für Geldwäsche oder andere illegale Aktivitäten, da sie oft wenig bis keine KYC- oder AML-Kontrollen durchführen.

Trotz dieser Herausforderungen ist die wachsende Rolle von DeFi in der Bitcoin-Welt ein spannender Trend, der das Potenzial hat, die Art und Weise, wie wir über Finanzdienstleistungen denken, neu zu definieren. Indem sie Finanzdienstleistungen dezentralisieren und demokratisieren, könnten DeFi-Anwendungen dazu beitragen, die finanzielle Inklusion zu fördern und neue Möglichkeiten für Bitcoin-Inhaber und andere Kryptowährungsnutzer zu schaffen. Obwohl der DeFi-Sektor noch in seinen Kinderschuhen steckt, hat er bereits gezeigt, dass er eine starke Kraft für Innovation und Veränderung in der Finanzwelt sein kann. So wie Bitcoin das Potenzial hat, das traditionelle Geldsystem zu revolutionieren, könnte DeFi das gleiche für die Finanzdienstleistungsbranche tun. Daher ist es von entscheidender Bedeutung, diese

Entwicklungen aufmerksam zu verfolgen und zu verstehen. Es wird interessant sein zu sehen, wie sich die Rolle von Bitcoin im DeFi-Sektor in den kommenden Jahren weiterentwickeln wird.

Betrachten Sie nun, wie DeFi die Entwicklung von Bitcoin beeinflusst und was die Zukunft für diese Symbiose bedeuten könnte. Einige Anwendungsfälle für Bitcoin in der DeFi-Welt, die derzeit untersucht werden, umfassen dezentrale Identitätssysteme, Versicherungen und mehr.

DeFi-Plattformen ermöglichen es Benutzern, digitale Identitäten zu erstellen, die es ihnen ermöglichen, auf eine Vielzahl von Diensten zuzugreifen, ohne persönliche Informationen preiszugeben. Diese Identitäten sind auf der Blockchain gespeichert, was bedeutet, dass sie sicher, unveränderlich und von überall auf der Welt zugänglich sind. Bitcoin könnte eine entscheidende Rolle bei der Bereitstellung der zugrundeliegenden Infrastruktur für solche Systeme spielen.

Ein weiterer interessanter Bereich ist der Versicherungsmarkt. Mit DeFi könnten Versicherungsverträge durch Smart Contracts automatisiert werden, wodurch sie effizienter und transparenter werden. Bitcoin könnte als Kollateral für diese Verträge verwendet werden, was wiederum dazu beitragen könnte, den Nutzen und die Liquidität von Bitcoin zu erhöhen.

Es besteht auch das Potenzial für innovative neue Anwendungsfälle, die noch nicht einmal erforscht wurden. Mit der kontinuierlichen Entwicklung und Verbesserung von Blockchain-Technologien könnte die Möglichkeit bestehen, dass Bitcoin in noch unerforschten DeFi-Bereichen verwendet wird. Die Grenzen sind im Wesentlichen durch die Kreativität und Innovation der Entwickler und der Gemeinschaft definiert.

Neben der Nutzung von Bitcoin in DeFi-Anwendungen könnten auch die Grundlagen von Bitcoin selbst von der DeFi-Bewegung profitieren. DeFi fördert den Einsatz von Open-Source-Technologien und fördert Transparenz und Dezentralisierung - Prinzipien, die auch für Bitcoin von zentraler Bedeutung sind. Durch die stärkere Integration von Bitcoin in DeFi könnten neue Möglichkeiten für Verbesserungen und Innovationen in der Bitcoin-Technologie selbst entstehen.

Nichtsdestotrotz sind mit der Integration von Bitcoin in DeFi auch Risiken verbunden. Diese reichen von technischen Schwierigkeiten und Sicherheitsproblemen bis hin zu regulatorischen Herausforderungen. Um diese zu minimieren, ist eine sorgfältige Planung und Implementierung erforderlich. Regulatoren weltweit sind dabei, Regeln und Vorschriften für DeFi zu entwickeln, und es ist wichtig, dass Bitcoin- und DeFi-Entwickler und Benutzer diese Entwicklungen genau verfolgen und sich daran anpassen.

Es ist eine aufregende Zeit für Bitcoin und DeFi. Mit der ständigen Innovation und Verbesserung in beiden Bereichen ist es wahrscheinlich, dass wir in den kommenden Jahren viele spannende Entwicklungen sehen werden. Diese werden nicht nur die Art und Weise, wie wir Finanzdienstleistungen nutzen, weiter verändern, sondern auch neue Möglichkeiten für Inklusion, Effizienz und Transparenz schaffen. Wie immer in der Welt der Technologie wird der Weg dorthin wahrscheinlich nicht geradlinig sein, aber das Potenzial ist enorm. Und während wir uns auf dieser Reise befinden, werden wir wahrscheinlich mehr über die Stärken, Schwächen und Möglichkeiten von Bitcoin und DeFi lernen - Wissen, das uns hilft, bessere und effektivere Lösungen für die Finanzwelt von morgen zu schaffen.

Steuern und Bitcoin

Besteuerung von Bitcoin-Gewinnen

Die Besteuerung von Bitcoin-Gewinnen ist ein Thema, das in den letzten Jahren immer wichtiger geworden ist, da immer mehr Menschen in Kryptowährungen investieren und damit Gewinne erzielen. Dieser Prozess kann jedoch komplex sein und hängt von einer Vielzahl von Faktoren ab, einschließlich des Wohnsitzlandes des Einzelnen, der Art des Investments und der spezifischen steuerlichen Anforderungen dieses Landes.

In vielen Ländern, einschließlich Deutschland und den USA, wird Bitcoin als Vermögenswert betrachtet und unterliegt daher der Kapitalertragssteuer. Das bedeutet, dass wenn Sie Bitcoin kaufen und dann zu einem höheren Preis verkaufen, Sie auf den Gewinn, den Sie erzielt haben, Steuern zahlen müssen.

Die Besteuerung kann jedoch kompliziert werden, wenn Sie Bitcoin als Zahlungsmittel verwenden. In einigen Ländern, wie zum Beispiel den USA, wird jeder Kauf mit Bitcoin als Veräußerung angesehen, was bedeutet, dass Sie möglicherweise Kapitalertragsteuern auf den Gewinn zahlen müssen, den Sie erzielt haben, seit Sie die Bitcoins gekauft haben. Dies kann die Buchhaltung kompliziert machen, insbesondere wenn Sie regelmäßig Bitcoin verwenden, um Waren und Dienstleistungen zu kaufen.

In anderen Ländern, wie zum Beispiel Deutschland, gilt eine spezielle Regel für Bitcoin und andere Kryptowährungen. Wenn

Sie Ihre Bitcoin länger als ein Jahr halten, bevor Sie sie verkaufen, sind Ihre Gewinne steuerfrei. Wenn Sie sie jedoch innerhalb eines Jahres nach dem Kauf verkaufen, müssen Sie auf den Gewinn Steuern zahlen. Dabei ist es wichtig, dass Sie alle Transaktionen sorgfältig dokumentieren, um Ihre Steuern korrekt zu berechnen.

Ein weiteres wichtiges Konzept in Bezug auf die Besteuerung von Bitcoin ist die sogenannte "FIFO"-Methode (First-In-First-Out). Diese Methode besagt, dass die zuerst gekauften Coins als die zuerst verkauften betrachtet werden. Dies ist besonders relevant, wenn Sie Bitcoin zu verschiedenen Zeiten und zu unterschiedlichen Preisen gekauft haben. Die FIFO-Methode kann Ihre steuerliche Situation erheblich beeinflussen, je nachdem, wie sich der Preis von Bitcoin im Laufe der Zeit verändert hat.

Es gibt auch spezifische Regelungen für die Besteuerung von Bitcoin-Mining-Erträgen. Im Allgemeinen gelten die durch das Mining erzeugten Bitcoins als Einkommen zum Zeitpunkt ihrer Generierung und müssen daher als solches versteuert werden. Wenn Sie diese Bitcoins später zu einem höheren Preis verkaufen, müssen Sie auch auf diesen Gewinn Steuern zahlen.

Wie Sie sehen können, kann die Besteuerung von Bitcoin komplex sein und erfordert eine sorgfältige Planung und Dokumentation. Es ist immer ratsam, einen professionellen Steuerberater zu konsultieren, um sicherzustellen, dass Sie alle relevanten Gesetze und Vorschriften einhalten.

Es ist auch entscheidend zu beachten, dass Steuergesetze und -vorschriften sich ändern können, insbesondere in einem sich schnell entwickelnden Bereich wie Kryptowährungen. Daher ist es wichtig, auf dem Laufenden zu bleiben und regelmäßig Ihre Steuerstrategie zu überprüfen.

Darüber hinaus hat die zunehmende Regulierung von Kryptowährungen dazu geführt, dass immer mehr Länder spezifische Steuergesetze und -vorschriften für Bitcoin und andere Kryptowährungen einführen. Dies bedeutet, dass sich die steuerliche Situation für Bitcoin-Investoren in den kommenden Jahren wahrscheinlich weiterentwickeln wird.

Ungeachtet der Komplexität ist es entscheidend, dass Bitcoin-Investoren ihre Steuerpflichten ernst nehmen. Nicht nur, um sicherzustellen, dass sie das Gesetz einhalten, sondern auch um unerwartete Steuerrechnungen zu vermeiden, die ihre Investitionsrendite erheblich mindern könnten.

Bitcoin und andere Kryptowährungen bieten viele spannende Möglichkeiten, aber sie bringen auch eine Reihe von einzigartigen Herausforderungen mit sich - und die Besteuerung ist sicherlich eine davon. Durch eine sorgfältige Planung, Dokumentation und Beratung können Sie diese Herausforderungen jedoch erfolgreich bewältigen und das Potenzial von Bitcoin als Investition voll ausschöpfen.

Jenseits der direkten Besteuerung von Bitcoin-Gewinnen gibt es auch andere Steuerfragen, die im Zusammenhang mit Kryptowährungen relevant werden können. Beispielsweise können steuerliche Implikationen auftreten, wenn Sie Bitcoin an andere verschenken oder erben. In vielen Ländern, einschließlich Deutschland und den USA, können Schenkungs- und Erbschaftssteuern anfallen, wenn der Wert der übertragenen Bitcoin einen bestimmten Betrag überschreitet.

Gleichzeitig gibt es auch Möglichkeiten, Steuern zu optimieren. In einigen Ländern können beispielsweise Verluste aus dem Verkauf von Bitcoin von den Steuern abgezogen werden, was dazu beitragen kann, das Gesamtsteueraufkommen zu senken. Allerdings unterliegen solche Verlustverrechnungen oft spezifischen Regeln und Bedingungen, daher ist eine genaue Kenntnis der lokalen Steuergesetze erforderlich.

Bei der Betrachtung der Steuerfragen rund um Bitcoin ist es auch wichtig, die Rolle der Börsen und Wallet-Anbieter zu bedenken. Diese Unternehmen spielen oft eine wichtige Rolle bei der Bereitstellung von Transaktionsdaten und anderen Informationen, die für die Berechnung von Steuern benötigt werden. Einige bieten sogar spezielle Steuerberichtsfunktionen an, die Ihnen helfen können, Ihre Bitcoin-Transaktionen und die damit verbundenen Gewinne und Verluste zu verfolgen.

Es ist auch zu beachten, dass die Verwendung von Bitcoin und anderen Kryptowährungen in illegalen Aktivitäten oder zur Umgehung von Steuern strengstens verboten ist und ernsthafte rechtliche Konsequenzen haben kann. Die Anonymität und Unveränderlichkeit von Bitcoin machen es zwar zu einem attraktiven Mittel für solche Aktivitäten, aber Regierungen und Strafverfolgungsbehörden auf der ganzen Welt haben zunehmend ausgefeilte Techniken entwickelt, um solche Vergehen aufzudecken und zu verfolgen.

Die Besteuerung von Bitcoin ist ein komplexes und sich ständig weiterentwickelndes Feld, das eine sorgfältige Aufmerksamkeit erfordert. Obwohl es durchaus Herausforderungen gibt, können diese durch Kenntnisse der relevanten Gesetze und Vorschriften, sorgfältige Buchführung und gegebenenfalls professionelle Beratung bewältigt werden. Es ist ein weiterer

Aspekt, den Anleger berücksichtigen müssen, wenn sie in die Welt der Kryptowährungen eintreten, aber mit der richtigen Vorbereitung und Unterstützung muss er nicht abschreckend sein. So können Sie sich darauf konzentrieren, das Potenzial von Bitcoin zu nutzen, während Sie gleichzeitig Ihre steuerlichen Verpflichtungen erfüllen.

Berücksichtigung von Bitcoin in der Steuerplanung

Die Integration von Bitcoin in Ihre Steuerplanung kann eine komplexe Aufgabe sein, da die rechtlichen und regulatorischen Rahmenbedingungen für Kryptowährungen von Land zu Land variieren und sich oft ändern. Dieser Prozess erfordert ein Verständnis der Besteuerung von Bitcoin und wie sie sich auf Ihre persönlichen oder geschäftlichen Finanzen auswirkt.

Zunächst einmal ist es wichtig zu wissen, dass Bitcoin in vielen Rechtsordnungen als Vermögenswert betrachtet wird. Das bedeutet, dass Kapitalgewinne, die durch den Verkauf von Bitcoin erzielt werden, steuerpflichtig sind. In Deutschland beispielsweise werden Gewinne aus dem Verkauf von Bitcoin, die innerhalb eines Jahres nach dem Kauf realisiert werden, als Einkommen besteuert. Wenn Sie Bitcoin länger als ein Jahr halten, sind die Gewinne steuerfrei.

Für Unternehmen, die Bitcoin als Zahlungsmittel akzeptieren, kann es ebenfalls steuerliche Auswirkungen geben. In vielen Ländern, einschließlich Deutschland, wird der Umsatz in Bitcoin zum Zeitpunkt des Verkaufs in die Landeswährung umgerechnet und als Einkommen versteuert. Unternehmen müssen auch Mehrwertsteuer auf Verkäufe zahlen, die in Bitcoin getätigt werden, sofern diese anwendbar ist.

Eine sorgfältige Buchführung ist entscheidend, wenn Sie Bitcoin in Ihre Steuerplanung integrieren. Sie müssen in der Lage sein, jede Transaktion, die Sie durchführen, einschließlich des Kaufs und Verkaufs von Bitcoin, der Verwendung von Bitcoin für Einkäufe und des Empfangs von Bitcoin als Zahlung, nachzuverfolgen. Dies kann eine Herausforderung sein, insbesondere wenn Sie mehrere Wallets und Börsen nutzen. Zum Glück bieten viele Börsen und Wallet-Dienstleister mittlerweile Tools an, die Ihnen dabei helfen, Ihre Transaktionen zu verfolgen und für Steuerzwecke zu dokumentieren.

Es gibt auch spezielle Softwarelösungen und Dienstleister, die sich auf die Steuerberatung und Buchführung für Bitcoin und andere Kryptowährungen spezialisiert haben. Diese können Ihnen helfen, Ihre Transaktionen zu verfolgen, Gewinne und Verluste zu berechnen und die notwendigen Steuererklärungen vorzubereiten.

Eine weitere Überlegung bei der Steuerplanung ist die Möglichkeit, Steuern zu minimieren. In einigen Rechtsordnungen können Sie beispielsweise Verluste aus dem Verkauf von Bitcoin gegen Ihre Kapitalgewinne verrechnen. In anderen können Sie durch eine sorgfältige Planung, wann und wie Sie Ihre Bitcoin verkaufen, Ihre Steuerschuld minimieren.

Trotzdem darf nicht vergessen werden, über die Zukunft nachzudenken. Wenn Sie planen, Ihre Bitcoin an Ihre Erben zu übergeben, müssen Sie möglicherweise Schenkungs- oder Erbschaftssteuern berücksichtigen. Einige Länder haben auch

Regeln für die Besteuerung von Kryptowährungen, die in Offshore-Konten gehalten werden.

Zum Abschluss sollten Sie sich bewusst sein, dass die Gesetze und Vorschriften für die Besteuerung von Bitcoin in ständigem Wandel sind. Es ist wichtig, auf dem Laufenden zu bleiben und gegebenenfalls professionellen Rat einzuholen. Mit sorgfältiger Planung und Vorbereitung können Sie sicherstellen, dass Sie Ihre Steuerpflichten erfüllen und gleichzeitig das volle Potenzial Ihrer Bitcoin-Investitionen ausschöpfen. Zwar kann die Einbeziehung von Bitcoin in Ihre Steuerplanung komplex sein, aber mit dem richtigen Ansatz und der richtigen Unterstützung können Sie diese Herausforderung erfolgreich meistern.

Bitcoin-Programmierung

Überblick über Bitcoin-Skript

Bitcoin-Skript ist die programmierbare Sprache, die in der Bitcoin-Blockchain verwendet wird. Es ermöglicht den Benutzern, "Smart Contracts" oder selbstausführende Verträge zu erstellen, die automatisch durchgeführt werden, wenn bestimmte Bedingungen erfüllt sind. Es ist eine sogenannte "Stack-Based Language", was bedeutet, dass sie auf dem Prinzip des LIFO (Last In, First Out) basiert, bei dem das zuletzt hinzugefügte Element als erstes entfernt wird.

Im Bitcoin-Netzwerk werden Skripte verwendet, um Transaktionen zu validieren. Jede Transaktion besteht aus einer Reihe von Inputs und Outputs. Jeder Input verweist auf einen Ausgang einer früheren Transaktion und enthält ein Skript, das als "Unlocking Script" oder "ScriptSig" bezeichnet wird. Jeder Output enthält ein Skript, das als "Locking Script" oder "ScriptPubKey" bezeichnet wird.

Das SkriptPubKey legt die Bedingungen fest, unter denen die Bitcoin ausgegeben werden können. In den meisten Fällen erfordert dies den Nachweis des Besitzes eines privaten Schlüssels, der mit dem öffentlichen Schlüssel oder der Bitcoin-Adresse im SkriptPubKey verknüpft ist. Das ScriptSig liefert den Beweis, dass diese Bedingungen erfüllt sind - in der Regel durch Bereitstellung einer digitalen Signatur, die mit dem privaten Schlüssel erstellt wurde.

Bitcoin-Skript ist absichtlich nicht Turing-vollständig, was bedeutet, dass sie nicht in der Lage ist, alle möglichen Computeraufgaben auszuführen. Dies wurde aus Sicherheitsgründen getan, um das Risiko von Schleifen und anderen Problemen zu minimieren, die das Netzwerk zum Absturz bringen könnten.

Es gibt eine Reihe von Operationen, die in Bitcoin-Skripten verwendet werden können, darunter mathematische Operationen, logische Operationen und kryptographische Operationen. Einige der am häufigsten verwendeten Operationen sind:

- OP_DUP: Dupliziert das oberste Element auf dem Stapel.

- OP_HASH160: Berechnet den RIPEMD160(SHA256())-Hash des obersten Elements auf dem Stapel.

- OP_EQUALVERIFY: Überprüft, ob die beiden obersten Elemente auf dem Stapel gleich sind, und wirft einen Fehler aus, wenn sie nicht übereinstimmen.

- OP_CHECKSIG: Überprüft eine ECDSA-Signatur.

Obwohl Bitcoin-Skript grundsätzlich sehr flexibel ist, sind in der Praxis die meisten Transaktionen ziemlich standardisiert. Das häufigste Skriptmuster ist "Pay-to-Public-Key-Hash" (P2PKH), bei dem Bitcoin an eine bestimmte Adresse gesendet wird und die Ausgabe nur von demjenigen ausgegeben werden kann, der den privaten Schlüssel zu dieser Adresse besitzt.

In jüngerer Zeit wurden jedoch fortschrittlichere Skriptmuster eingeführt, um komplexere Transaktionstypen zu ermöglichen. Beispielsweise ermöglicht das "Pay-to-Script-Hash" (P2SH) -Muster das Senden von Bitcoin an eine Adresse, die ein Skript repräsentiert, anstatt an einen öffentlichen Schlüssel. Dies ermöglicht die Erstellung von "Multisignatur"-Transaktionen, bei denen mehrere private Schlüssel erforderlich sind, um die Ausgabe auszugeben.

Bitcoin-Skript kann zwar komplex sein, aber ein gutes Verständnis der Funktionsweise kann Ihnen ein tieferes Verständnis für die Funktionsweise des Bitcoin-Netzwerks vermitteln. Es kann auch Möglichkeiten für kreative und innovative Anwendungen eröffnen, von komplexen Zahlungsbedingungen bis hin zu dezentralisierten Anwendungen und Smart Contracts. Mit dem Wachstum und der Reife des Bitcoin-Netzwerks wird es spannend sein zu sehen, welche neuen Anwendungen und Funktionen Entwickler mit dieser leistungsstarken und flexiblen Programmiersprache erstellen werden. Es bietet einen reichen Spielplatz für Entwickler, die die Funktionsweise des Bitcoin-Ökosystems erweitern und verbessern möchten.

Die Bedeutung von Bitcoin-Skript geht über einfache Transaktionsverifizierung hinaus. Sie dient als Grundlage für die Entwicklung und Implementierung verschiedener innovativer Funktionen und Dienstleistungen im Bitcoin-Netzwerk. Beispielsweise hat die Einführung von Skriptfunktionen wie OP_RETURN es Entwicklern ermöglicht, zusätzliche Daten in Bitcoin-Transaktionen einzubetten, was die Grundlage für die Entwicklung von Metadaten-Protokollen und Blockchain-basierten Anwendungen wie Proof-of-Existence-Diensten und dezentralisierten Inhaltsspeicherungssystemen darstellt.

Ebenso ist das P2SH-Skriptmodell, das die Flexibilität und Anpassungsfähigkeit von Bitcoin-Transaktionen erweitert hat, ein wichtiger Schritt in Richtung erweiterte Vertragsformen. P2SH ermöglicht komplexere "intelligente Verträge", indem es erlaubt, Bitcoins an ein Skript statt an eine einzelne Adresse zu senden. Solche Verträge könnten zum Beispiel die Implementierung von Eskrow-Transaktionen, Zeitverzögerungs-Auszahlungen oder Multi-Signatur-Transaktionen ermöglichen, die die Sicherheit und Vielseitigkeit der Geldbewegungen innerhalb des Bitcoin-Netzwerks erweitern.

Darüber hinaus hat die fortlaufende Entwicklung von Bitcoin-Skript die Implementierung von "Segregated Witness" (SegWit) ermöglicht. SegWit ist eine Lösung für das sogenannte Transaktionsmalleabilitätsproblem und ermöglicht eine effizientere Nutzung des Blockplatzes, was zu niedrigeren Gebühren und schnelleren Transaktionszeiten führt.

Bitcoin-Skript ist auch die Grundlage für das Lightning Network, eine Second-Layer-Lösung, die auf der Bitcoin-Blockchain aufbaut, um schnelle und kostengünstige Mikrotransaktionen zu ermöglichen. Durch die Schaffung von Zahlungskanälen zwischen den Benutzern ermöglicht das Lightning Network Transaktionen "off-chain", was bedeutet, dass nicht jede einzelne Transaktion in der Blockchain erfasst werden muss. Dies verbessert die Skalierbarkeit des Netzwerks und macht Bitcoin für eine breitere Palette von Anwendungen geeignet, von Instant-Payments bis hin zu fortschrittlichen "streaming money"-Konzepten.

Während Bitcoin-Skript für den Laien komplex erscheinen mag, bietet es den Schlüssel zu einer Fülle von Funktionen, die die Kryptowährung weit über die einfache Funktion eines digitalen Geldes hinaus erweitern. In den Händen von erfahrenen Entwicklern kann Bitcoin-Skript verwendet werden, um das Potenzial von Bitcoin als eine Plattform für dezentrale, peer-to-peer Finanzdienstleistungen und Anwendungen voll auszuschöpfen. Es bleibt also zu erwarten, dass sich mit der Weiterentwicklung von Bitcoin-Skript in den kommenden Jahren noch viele weitere aufregende Innovationen ergeben werden.

Erstellung von Bitcoin-Anwendungen

Die Entwicklung von Bitcoin-Anwendungen erfordert ein tiefgreifendes Verständnis sowohl der Blockchain-Technologie als auch der Bitcoin-Protokolle. Ein guter Ausgangspunkt ist es, die verschiedenen Arten von Anwendungen zu verstehen, die auf der Bitcoin-Blockchain erstellt werden können, und wie sie funktionieren.

Eine grundlegende Anwendung von Bitcoin ist die Erstellung von Wallets. Bitcoin-Wallets sind Programme, die es den Benutzern ermöglichen, ihre Bitcoins zu speichern, zu senden und zu empfangen. Es gibt verschiedene Arten von Bitcoin-Wallets, einschließlich Software-Wallets, die auf einem Computer oder Smartphone installiert werden können, und Hardware-Wallets, die auf speziell dafür entwickelten Geräten laufen. Jede Wallet hat ihre eigenen Vor- und Nachteile, aber im Kern nutzen alle Wallets die Bitcoin-Blockchain, um Transaktionen zu verifizieren und sicherzustellen, dass der Benutzer die Kontrolle über seine Bitcoins hat. Wallets verwenden dazu kryptographische Schlüssel: Ein öffentlicher Schlüssel, der mit anderen geteilt werden kann, um Zahlungen zu empfangen, und ein privater Schlüssel, der geheim gehalten wird und zum Signieren von Transaktionen verwendet wird.

Ein weiteres gängiges Beispiel für eine Bitcoin-Anwendung ist ein Zahlungsprozessor oder Gateway. Diese ermöglichen es Unternehmen und Einzelpersonen, Bitcoin-Zahlungen zu akzeptieren, oft durch die Bereitstellung einer Benutzeroberfläche, die es den Benutzern erleichtert, ihre Transaktionen durchzuführen. Ein solches Gateway kann in eine E-Commerce-Website integriert werden, sodass Kunden direkt mit Bitcoin bezahlen können. Die Gateway-Anwendung übernimmt die Funktion der Verarbeitung der Transaktionen und der Kommunikation mit der Bitcoin-Blockchain, um die Richtigkeit der Transaktionen zu bestätigen.

Darüber hinaus kann die Bitcoin-Blockchain auch für fortgeschrittenere Anwendungen wie Smart Contracts und dezentralisierte Finanzanwendungen (DeFi) genutzt werden. Smart Contracts sind Programme, die automatisch ausgeführt werden, wenn bestimmte Bedingungen erfüllt sind, und sie können für eine Vielzahl von Zwecken verwendet werden, von der automatischen Abwicklung von Wetten bis hin zur Verwaltung von Mietverträgen oder Versicherungspolicen. DeFi-Anwendungen nutzen die Blockchain, um traditionelle Finanzinstrumente wie Kredite und Derivate zu replizieren, aber auf einer transparenten und dezentralen Plattform.

Die Entwicklung dieser Anwendungen erfordert Fachkenntnisse in Programmiersprachen wie Python, JavaScript und Solidity, sowie ein tiefes Verständnis der Funktionsweise der Bitcoin-Blockchain. Darüber hinaus gibt es eine Reihe von Bibliotheken und Frameworks, die Entwicklern helfen können, den Prozess zu erleichtern und Fehler zu vermeiden.

Zum Beispiel bietet BitcoinJS, eine JavaScript-Bibliothek für Bitcoin, eine Reihe von Werkzeugen, die es Entwicklern erleichtern, mit Bitcoin zu arbeiten, einschließlich Funktionen zur Erstellung und Signatur von Transaktionen, zur Arbeit mit Bitcoin-Adressen und zur Kommunikation mit der Bitcoin-Blockchain. Ebenso bietet BitcoinJ, eine Java-Bibliothek für Bitcoin, ähnliche Funktionen und kann zur Erstellung von Wallets, Zahlungsgateways und anderen Anwendungen verwendet werden.

Der Entwicklungsprozess selbst kann komplex sein und erfordert eine sorgfältige Planung und Testing. Jede Bitcoin-Anwendung muss sicher sein, um die Benutzer vor Verlust oder Diebstahl ihrer Bitcoins zu schützen, und sie muss auch effizient sein, um die Bitcoin-Blockchain nicht zu überlasten oder unnötige Gebühren zu verursachen.

Die Möglichkeiten für die Erstellung von Bitcoin-Anwendungen sind nahezu endlos, und mit jedem Tag werden neue und innovative Anwendungen entwickelt. Mit dem richtigen Wissen und den richtigen Werkzeugen können Sie Teil dieser spannenden und dynamischen Welt sein und dazu beitragen, die Zukunft der Bitcoin-Blockchain zu gestalten. Mit den Anwendungen, die Bitcoin ermöglicht, sind wir erst an der Spitze des Eisbergs. Je mehr Menschen sich beteiligen und kreativ werden, desto mehr werden wir sehen, was Bitcoin wirklich kann.

Bitcoin Forks und Alternativen

Die Geschichte und Wirkung von Bitcoin Forks

In der Welt der Kryptowährungen bezeichnet ein "Fork" eine Situation, in der eine Blockchain in zwei verschiedene Pfade aufgeteilt wird. Im Kontext von Bitcoin gibt es zwei Hauptarten von Forks: "Soft Forks" und "Hard Forks". Beide haben im Laufe der Geschichte von Bitcoin eine bedeutende Rolle gespielt und ihre Wirkung hat das Bitcoin-Ökosystem auf vielfältige Weise beeinflusst.

Ein Soft Fork ist eine Änderung des Bitcoin-Protokolls, die abwärtskompatibel ist. Dies bedeutet, dass die neuen Regeln strenger sind als die alten Regeln, so dass alle Transaktionen, die unter den neuen Regeln gültig sind, auch unter den alten Regeln gültig sind. Ein bekanntes Beispiel für einen Soft Fork ist die Implementierung von SegWit (Segregated Witness) im Jahr 2017. SegWit wurde eingeführt, um das Problem der Skalierbarkeit von Bitcoin zu lösen und ermöglichte eine effizientere Nutzung des Blocks, indem die Art und Weise, wie Daten gespeichert wurden, verändert wurde.

Ein Hard Fork hingegen ist eine Änderung des Protokolls, die nicht abwärtskompatibel ist. Transaktionen, die unter den neuen Regeln gültig sind, sind nicht unbedingt unter den alten Regeln gültig. Im Falle eines Hard Forks teilt sich die Blockchain auf und führt zu zwei getrennten Blockchains, die unabhängig voneinander weiterlaufen. Ein bekanntes Beispiel für einen Hard Fork ist die Abspaltung von Bitcoin Cash (BCH) von Bitcoin (BTC) im August 2017. Die Haupttreiber dieses Forks waren Unstimmigkeiten in der Bitcoin-Community über die beste Vorgehensweise zur Lösung des Skalierbarkeitsproblems von Bitcoin. Während ein Teil der Community SegWit unterstützte, glaubte ein anderer Teil, dass eine Erhöhung der Blockgröße die beste Lösung sei, was zur Abspaltung und Schaffung von Bitcoin Cash führte.

Diese Bitcoin-Forks hatten erhebliche Auswirkungen auf das Bitcoin-Ökosystem. Zum einen haben sie zu einer Diversifizierung des Marktes geführt, da jede abgespaltene Blockchain ihre eigenen einzigartigen Merkmale und Funktionen hat. Bitcoin Cash zum Beispiel hat eine größere Blockgröße und ermöglicht dadurch mehr Transaktionen pro Block im Vergleich zu Bitcoin. Ein weiterer Hard Fork, Bitcoin SV (Satoshi's Vision), hat sogar eine noch größere Blockgröße und zielt darauf ab, das ursprüngliche Vision von Bitcoin als Peer-to-Peer-Elektronisches-Cash-System zu verwirklichen.

Zum anderen haben Forks auch Auswirkungen auf die Benutzer von Bitcoin. Bei einem Hard Fork erhalten die Inhaber der ursprünglichen Währung in der Regel eine gleiche Menge der neuen Währung. Dies kann sowohl Vorteile als auch Risiken mit sich bringen. Auf der einen Seite können Benutzer profitieren, wenn der Wert der neuen Währung steigt. Auf der anderen Seite kann es auch Risiken geben, insbesondere wenn Benutzer nicht genau verstehen, wie Forks funktionieren oder wenn es Sicherheitsprobleme mit der neuen Währung gibt.

Die Geschichte von Bitcoin-Forks zeigt, dass sie ein wesentliches Merkmal des Bitcoin-Ökosystems sind. Sie sind Ausdruck der dezentralisierten Natur von Bitcoin und zeigen, wie verschiedene Teile der Community verschiedene Visionen für die Zukunft von Bitcoin haben können. Sie haben auch gezeigt, dass Forks sowohl Chancen als auch Herausforderungen mit sich bringen können, und dass es wichtig ist, sowohl die technischen als auch die sozialen Aspekte von Forks zu verstehen.

Wie sich das Bitcoin-Ökosystem weiterentwickelt und wächst, werden wir wahrscheinlich weitere Forks sehen. Es bleibt abzuwarten, welche Auswirkungen diese auf das Ökosystem und die Benutzer von Bitcoin haben werden, aber es ist klar, dass sie ein wichtiger Teil der Dynamik und des ständigen Wandels sind, der Bitcoin zu dem macht, was es heute ist. Sie reflektieren das Streben der Gemeinschaft nach Innovation und Verbesserung und prägen den Weg, den Bitcoin in der Zukunft einschlagen wird.

Neben den bereits erwähnten Aspekten haben Bitcoin-Forks auch eine tiefgreifende Wirkung auf die

Krypto-Handelslandschaft gehabt. Sie haben neue Kryptowährungen und damit neue Handelsmöglichkeiten geschaffen. Jeder dieser Forks hat sein eigenes Potenzial und seine eigene Marktkapitalisierung, was zur Gesamtvielfalt und Volatilität des Krypto-Marktes beiträgt. Trader können von den Preisbewegungen dieser neuen Kryptowährungen profitieren, indem sie auf die Unterschiede zwischen den Währungen und ihre relative Stärke oder Schwäche spekulieren.

Forks beeinflussen auch die Infrastruktur der Blockchain-Technologie. Jeder Fork bringt technische Anpassungen mit sich, die sowohl Vor- als auch Nachteile haben können. Beispielsweise kann eine Erhöhung der Blockgröße, wie sie bei Bitcoin Cash durchgeführt wurde, mehr Transaktionen pro Block ermöglichen und damit das Transaktionsvolumen erhöhen. Dies kann allerdings auch die Anforderungen an Speicherplatz und Rechenleistung erhöhen, was zu einer Zentralisierung der Mining-Aktivitäten führen kann, da nur noch diejenigen in der Lage sind, Blöcke zu minen, die über ausreichende Ressourcen verfügen.

Zudem haben Forks auch Auswirkungen auf die Regulierung von Kryptowährungen. Jede neu entstandene Währung durch einen Fork stellt Regulierungsbehörden vor neue Herausforderungen, da diese oft entscheiden müssen, ob und wie diese neuen Währungen reguliert werden sollen. Dies kann dazu führen, dass die Regulierung von Kryptowährungen in verschiedenen Jurisdiktionen unterschiedlich ausfällt, was sowohl für Anleger als auch für Unternehmen, die mit diesen Währungen arbeiten, Komplexität schafft.

Darüber hinaus stellen Bitcoin-Forks die Frage nach dem inhärenten Wert einer Kryptowährung. Wenn durch einen Fork neue Währungen entstehen, die theoretisch die gleiche Funktionalität wie die ursprüngliche Währung haben, stellt sich die Frage, was den Wert einer bestimmten Kryptowährung ausmacht. Ist es die Technologie? Die Community? Die Akzeptanz durch Händler und Nutzer? Dies sind Fragen, die durch die Existenz von Bitcoin-Forks aufgeworfen werden und die dazu beitragen, unser Verständnis von Kryptowährungen und ihrem Wert zu vertiefen.

Generell zeigen diese Überlegungen, dass Bitcoin-Forks weitreichende Auswirkungen haben können, die weit über die technischen Aspekte hinausgehen. Sie können die Handelslandschaft, die technologische Infrastruktur, die regulatorische Landschaft und sogar unsere Vorstellungen von Wert beeinflussen. Daher ist es entscheidend, dass wir Forks nicht nur als technische Ereignisse betrachten, sondern auch ihre breiteren Auswirkungen und Implikationen berücksichtigen. So können wir ein umfassenderes Verständnis von Bitcoin und dem Krypto-Ökosystem insgesamt entwickeln.

Bewertung von Alternativen wie Bitcoin Cash und Bitcoin SV

Die Kryptowährungswelt ist in den letzten Jahren stark gewachsen, und es gibt viele Alternativen zu Bitcoin, die bekanntesten sind wahrscheinlich Bitcoin Cash und Bitcoin SV. Diese beiden Kryptowährungen sind aus Forks von Bitcoin hervorgegangen und haben ihre eigenen einzigartigen Eigenschaften und Vorteile. Allerdings gibt es auch

Unterschiede, die sie von Bitcoin und voneinander unterscheiden.

Beginnen wir mit Bitcoin Cash (BCH). Dieser Fork entstand 2017 aufgrund von Unstimmigkeiten in der Bitcoin-Community über die besten Wege zur Skalierung. Einige Mitglieder der Community waren der Meinung, dass die beste Lösung zur Erhöhung der Transaktionskapazität darin bestand, die Größe jedes Blocks von 1 MB auf 8 MB zu erhöhen. Durch die Vergrößerung der Blockgröße können mehr Transaktionen in jedem Block verarbeitet werden, wodurch die allgemeine Kapazität des Netzwerks erhöht wird.

Im Vergleich dazu, Bitcoin SV (BSV), das für "Bitcoin Satoshi Vision" steht, entstand 2018 als ein Fork von Bitcoin Cash. Die Schöpfer von Bitcoin SV argumentierten, dass die ursprüngliche Vision von Bitcoin, wie sie in dem von Satoshi Nakamoto veröffentlichten Whitepaper dargelegt wurde, erhalten bleiben sollte. Daher vergrößerten sie die Blockgröße auf 128 MB, um die Skalierbarkeit zu verbessern und gleichzeitig die ursprüngliche Vision von Bitcoin zu bewahren.

Wenn Sie diese beiden Alternativen zu Bitcoin bewerten, sollten Sie verschiedene Aspekte berücksichtigen. Erstens, die Skalierbarkeit. Sowohl Bitcoin Cash als auch Bitcoin SV haben eine größere Blockgröße als Bitcoin, was bedeutet, dass sie mehr Transaktionen pro Block verarbeiten können. Das könnte zu schnelleren Transaktionszeiten und niedrigeren Gebühren führen. Allerdings könnte es auch dazu führen, dass weniger Leute in der Lage sind, die vollständige Blockchain zu speichern und zu verifizieren, was zu einer stärkeren Zentralisierung des Netzwerks führen könnte.

Zweitens, die Sicherheit. Da Bitcoin das älteste und am meisten etablierte Netzwerk ist, hat es eine größere Hash-Rate (die Gesamtzahl der Berechnungen, die die Miner pro Sekunde durchführen können), was es sicherer macht. Bitcoin Cash und Bitcoin SV haben eine geringere Hash-Rate, was sie theoretisch anfälliger für Angriffe macht.

Drittens, die Akzeptanz. Bitcoin wird von mehr Händlern und Dienstleistern akzeptiert als Bitcoin Cash oder Bitcoin SV. Das bedeutet, dass Sie Bitcoin wahrscheinlich für eine größere Vielfalt von Transaktionen verwenden können.

Viertens, die Community und die Entwicklung. Bitcoin hat eine größere und aktivere Entwicklergemeinschaft als Bitcoin Cash oder Bitcoin SV. Das bedeutet, dass mehr Menschen daran arbeiten, das Netzwerk zu verbessern und neue Features zu entwickeln.

Im Großen und Ganzen ist es wichtig, Ihre eigenen Forschungen durchzuführen und die Vor- und Nachteile jeder Kryptowährung zu bewerten, bevor Sie eine Entscheidung treffen. Jede Kryptowährung hat ihre Stärken und Schwächen und kann für unterschiedliche Zwecke besser geeignet sein. Dabei ist es wichtig, sich nicht nur auf den Preis, sondern auch auf andere Faktoren wie Sicherheit, Skalierbarkeit, Akzeptanz und Community zu konzentrieren. Denn nur so können Sie eine fundierte Entscheidung treffen, die Ihren Bedürfnissen und Zielen am besten entspricht.

Nachdem wir die technischen Aspekte und die grundlegende Akzeptanz von Bitcoin Cash und Bitcoin SV beleuchtet haben, lassen Sie uns nun auf die Zukunftsperspektiven dieser Kryptowährungen eingehen. Beide Alternativen haben ihre eigenen Roadmaps und Ambitionen für die Zukunft, was potenzielle Anleger beachten sollten.

Bitcoin Cash hat sich auf die Bereitstellung einer praktischen, schnellen und kostengünstigen Methode für alltägliche Transaktionen konzentriert. Ziel ist es, den digitalen Handel zu fördern und eine tatsächliche Währung zu sein, die in den Alltag der Menschen integriert ist. Neue Updates und Verbesserungen sind kontinuierlich in der Entwicklung, um das Netzwerk zu optimieren und die Effizienz zu verbessern. Einige davon sind beispielsweise Schnorr-Signaturen, die die Größe der Transaktionen verringern und somit mehr Platz im Block für weitere Transaktionen schaffen.

Im Gegensatz dazu sieht Bitcoin SV seine Zukunft in einer noch größeren Skalierung. Die Entwicklungsteams arbeiten daran, die Blockgröße weiter zu erhöhen und gleichzeitig sicherzustellen, dass das Netzwerk stabil und sicher bleibt. Bitcoin SV zielt auch darauf ab, komplexe Anwendungen auf seiner Blockchain zu unterstützen, was zu einer Vielzahl von Use Cases führen könnte, die über einfache Geldtransaktionen hinausgehen.

Hinsichtlich der Marktkapitalisierung und des Handelsvolumens ist zu beachten, dass Bitcoin Cash und Bitcoin SV im Vergleich zu Bitcoin kleiner sind. Dies kann sowohl Vor- als auch Nachteile haben. Einerseits kann dies bedeuten, dass es mehr Raum für Wachstum gibt, insbesondere wenn die Netzwerke ihre Ziele erreichen und eine breitere Akzeptanz finden. Andererseits könnte es auch bedeuten, dass diese Kryptowährungen anfälliger für Preisschwankungen und Marktmanipulationen sind.

Beim Betrachten dieser alternativen Kryptowährungen ist es wichtig, dass Sie auch ihre rechtlichen Aspekte berücksichtigen. Verschiedene Länder haben unterschiedliche Vorschriften und Gesetze in Bezug auf den Besitz und Handel von Kryptowährungen, und dies könnte sich auf Bitcoin Cash und Bitcoin SV auswirken. Stellen Sie sicher, dass Sie die rechtliche Situation in Ihrem Land oder in der Region, in der Sie handeln möchten, vollständig verstehen.

Das A und O bei der Bewertung von Alternativen wie Bitcoin Cash und Bitcoin SV ist, informiert zu bleiben und regelmäßig Nachforschungen anzustellen. Die Kryptowährungswelt ändert sich schnell, und was heute zutrifft, könnte morgen nicht mehr gelten. Bleiben Sie auf dem Laufenden über die neuesten Entwicklungen und Nachrichten, damit Sie fundierte Entscheidungen treffen können.

Bitcoin und die Zukunft des E-Commerce

Bitcoin als Zahlungsmittel

Bitcoin als Zahlungsmittel zu nutzen, hat in den letzten Jahren an Popularität gewonnen. Dies ist teilweise auf die fortschrittliche Technologie zurückzuführen, die es ermöglicht, grenzüberschreitende Transaktionen schnell und kostengünstig durchzuführen, und auf die Tatsache, dass es immer mehr Einzelhändler und Dienstleister gibt, die Bitcoin als Zahlungsmittel akzeptieren. Die Einführung von Bitcoin als

Zahlungsmittel hat das Potenzial, den globalen Handel zu revolutionieren und das Finanzsystem insgesamt effizienter zu gestalten.

Eines der herausragenden Merkmale von Bitcoin als Zahlungsmittel ist seine dezentralisierte Natur. Im Gegensatz zu traditionellen Währungen, die von Zentralbanken verwaltet werden, ist Bitcoin dezentralisiert und von keiner Regierung oder Institution abhängig. Dies bedeutet, dass Transaktionen direkt zwischen den Parteien abgewickelt werden können, ohne dass ein Vermittler, wie eine Bank, erforderlich ist. Dies reduziert die Transaktionskosten und beschleunigt den Transaktionsprozess erheblich, insbesondere bei internationalen Überweisungen.

Ein weiterer Vorteil der Nutzung von Bitcoin als Zahlungsmittel ist die erhöhte Privatsphäre, die es bietet. Da Bitcoin-Transaktionen pseudonym sind, können Sie Zahlungen senden und empfangen, ohne Ihre persönlichen Informationen preiszugeben. Dies kann besonders nützlich sein, wenn Sie besorgt sind über Identitätsdiebstahl oder wenn Sie einfach nur Ihre Privatsphäre schätzen. Es ist jedoch wichtig zu beachten, dass Bitcoin-Transaktionen nicht völlig anonym sind, da alle Transaktionen auf der Blockchain aufgezeichnet und öffentlich einsehbar sind.

Trotz seiner vielen Vorteile gibt es auch einige Herausforderungen bei der Nutzung von Bitcoin als Zahlungsmittel. Eine dieser Herausforderungen ist die hohe Volatilität von Bitcoin. Der Preis von Bitcoin kann stark schwanken, was bedeutet, dass der Wert der von Ihnen gehaltenen Bitcoins von einem Tag auf den anderen erheblich steigen oder fallen kann. Dies kann ein Risiko darstellen, insbesondere wenn Sie planen, Bitcoin für größere Einkäufe oder Investitionen zu verwenden.

Ein weiteres Hindernis für die Verwendung von Bitcoin als Zahlungsmittel ist die Tatsache, dass es immer noch nicht allgemein akzeptiert wird. Während die Anzahl der Einzelhändler, die Bitcoin akzeptieren, zunimmt, sind sie immer noch weit entfernt von der Mehrheit. Dies kann die Verwendung von Bitcoin als alltägliches Zahlungsmittel erschweren. Darüber hinaus kann die Akzeptanz von Bitcoin in verschiedenen Ländern aufgrund von regulatorischen Unterschieden variieren.

Bitcoin als Zahlungsmittel zu verwenden, kann auch technische Herausforderungen mit sich bringen. Um Bitcoin zu verwenden, müssen Sie eine digitale Wallet einrichten und wissen, wie Sie Transaktionen durchführen. Während dies für einige Benutzer einfach sein mag, kann es für andere, insbesondere für diejenigen, die nicht technisch versiert sind, eine Herausforderung darstellen.

Nichtsdestotrotz bleibt das Potenzial von Bitcoin als Zahlungsmittel immens. Mit weiteren technologischen Fortschritten und zunehmender Akzeptanz könnte Bitcoin eines Tages zu einer weit verbreiteten und allgemein akzeptierten Form des digitalen Geldes werden. Es bleibt abzuwarten, wie sich die Verwendung von Bitcoin als Zahlungsmittel weiterentwickeln wird, aber es ist klar, dass Bitcoin bereits jetzt das Potenzial hat, den globalen Handel zu transformieren und das Finanzsystem effizienter zu gestalten. Es ist also eine aufregende Zeit, die Weiterentwicklung von Bitcoin im Auge zu behalten.

Sie könnten sich fragen, was die zukünftigen Entwicklungen im Bereich Bitcoin als Zahlungsmittel für Sie bedeuten könnten.

Mit der fortschreitenden Verbreitung und Akzeptanz von Bitcoin als Zahlungsmittel könnten sich neue Möglichkeiten für den Handel und den Verbrauch eröffnen.

Ein Aspekt, der in der Zukunft wahrscheinlich eine größere Rolle spielen wird, ist das Lightning Network. Dies ist ein "Layer-2"-Zahlungsprotokoll, das auf einer Blockchain aufgebaut ist und darauf abzielt, die Skalierbarkeitsprobleme von Bitcoin zu lösen. Mit dem Lightning Network können Bitcoin-Transaktionen nahezu in Echtzeit und mit minimalen Gebühren durchgeführt werden. Dies könnte Bitcoin noch attraktiver für den alltäglichen Gebrauch machen und seine Akzeptanz als Zahlungsmittel weiter fördern.

Ebenso ist es von Bedeutung, die steigende Rolle von Zahlungsabwicklern und Dienstleistern zu beachten, die Bitcoin-Zahlungen ermöglichen. Unternehmen wie BitPay und CoinGate ermöglichen es Händlern, Bitcoin-Zahlungen zu akzeptieren und diese sofort in ihre lokale Währung umzuwandeln, um das Risiko von Preisschwankungen zu minimieren. Mit solchen Diensten wird es immer einfacher für Unternehmen, Bitcoin in ihr bestehendes Zahlungssystem zu integrieren und so ein breiteres Publikum anzusprechen.

Doch es sind nicht nur Unternehmen und Händler, die Bitcoin als Zahlungsmittel annehmen. Einige Regierungen und Städte auf der ganzen Welt haben begonnen, Bitcoin für Steuerzahlungen und andere öffentliche Dienstleistungen zu akzeptieren. Während dies noch eine Ausnahme ist, könnte eine zunehmende staatliche Akzeptanz von Bitcoin einen wichtigen Schritt zur Mainstream-Akzeptanz darstellen.

Bitcoin kann aber nicht nur für den Kauf von Waren und Dienstleistungen verwendet werden, sondern hat auch das

Potenzial, das Spendenwesen zu revolutionieren. Da Bitcoin-Transaktionen pseudonym sind und keine Vermittler benötigen, können Spenden direkt und sicher an die Empfänger gesendet werden, was die Effizienz und Transparenz des Spendenprozesses verbessert.

Auf der anderen Seite könnte die wachsende Verwendung von Bitcoin als Zahlungsmittel auch zu neuen Herausforderungen und Debatten führen. Fragen rund um die Regulierung und Besteuerung von Bitcoin, die Auswirkungen auf die Geldpolitik und die potenziellen Risiken für die finanzielle Stabilität werden wahrscheinlich zunehmend diskutiert werden, da Bitcoin immer mehr in den Mainstream rückt.

Die Rolle von Bitcoin als Zahlungsmittel entwickelt sich also weiter und nimmt dabei unterschiedliche Formen an. Unabhängig von den spezifischen Herausforderungen und Entwicklungen bleibt eines jedoch klar: Bitcoin hat bereits jetzt das Potenzial, unser Verständnis und unsere Nutzung von Geld auf tiefgreifende Weise zu verändern.

Implementierung von Bitcoin-Zahlungen in Online-Shops

Die Implementierung von Bitcoin-Zahlungen in Online-Shops ist eine wachsende Praxis, da immer mehr Unternehmen die Vorteile von Kryptowährungen erkennen. Bitcoin ermöglicht schnelle, kostengünstige und sichere Transaktionen, die von keinem Dritten verarbeitet werden müssen, und bietet so eine attraktive Alternative zu traditionellen Zahlungsmethoden.

Die erste Herausforderung, der Sie sich stellen müssen, ist die Wahl des richtigen Bitcoin-Zahlungsabwicklers. Es gibt mehrere Dienste, die sich auf die Abwicklung von Bitcoin-Zahlungen spezialisiert haben, darunter BitPay, CoinGate und CoinBase. Diese Dienste fungieren als Vermittler zwischen Ihnen und Ihren Kunden und ermöglichen es Ihnen, Bitcoin-Zahlungen zu akzeptieren und diese sofort in Ihre lokale Währung umzuwandeln. Bei der Wahl des richtigen Dienstes sollten Sie verschiedene Aspekte berücksichtigen, darunter die Gebührenstruktur, die Geschwindigkeit der Transaktionen und die Integration in Ihre bestehende E-Commerce-Plattform.

Nachdem Sie einen Zahlungsabwickler ausgewählt haben, müssen Sie diesen in Ihren Online-Shop integrieren. Die meisten Zahlungsabwickler bieten Plugins für gängige E-Commerce-Plattformen wie WooCommerce, Magento und Shopify an, die den Integrationsprozess erleichtern. Nach der Installation des Plugins können Sie Bitcoin als Zahlungsoption in Ihrem Checkout-Prozess hinzufügen und so Ihren Kunden die Möglichkeit geben, mit Bitcoin zu bezahlen.

Es ist jedoch zu beachten, dass die Implementierung von Bitcoin-Zahlungen auch rechtliche Überlegungen mit sich bringt. In einigen Ländern kann die Akzeptanz von Kryptowährungen als Zahlungsmittel rechtlich kompliziert sein und bestimmte Berichtspflichten mit sich bringen. Daher ist es wichtig, sich mit den lokalen Gesetzen und Vorschriften vertraut zu machen und gegebenenfalls rechtlichen Rat einzuholen.

Ein weiterer wichtiger Punkt bei der Implementierung von Bitcoin-Zahlungen ist die Sicherheit. Da Bitcoin-Transaktionen irreversibel sind, ist es entscheidend, sicherzustellen, dass Ihre Systeme sicher sind und Ihre Kundendaten geschützt sind.

Dies kann durch die Implementierung von Sicherheitsmaßnahmen wie der Zwei-Faktor-Authentifizierung, der regelmäßigen Aktualisierung Ihrer Software und der Durchführung von Sicherheitsaudits erreicht werden.

Sobald Sie Bitcoin-Zahlungen in Ihrem Online-Shop implementiert haben, ist es wichtig, Ihre Kunden über diese neue Zahlungsoption zu informieren. Sie können dies tun, indem Sie Informationen über Bitcoin und seine Vorteile auf Ihrer Website bereitstellen, in Ihren Marketing-Materialien darauf hinweisen und spezielle Promotions oder Rabatte für Bitcoin-Zahlungen anbieten.

Die Implementierung von Bitcoin-Zahlungen in Ihrem Online-Shop kann auch dazu beitragen, Ihr Unternehmen von der Konkurrenz abzuheben und eine neue Kundengruppe anzusprechen. Viele Bitcoin-Nutzer bevorzugen Geschäfte, die Bitcoin akzeptieren, und sind bereit, diese aktiv zu unterstützen.

Bitcoin-Zahlungen in einem Online-Shop zu implementieren ist ein zukunftsweisender Schritt, der sowohl für Unternehmen als auch für Kunden Vorteile bietet. Obwohl es einige Herausforderungen und Überlegungen gibt, die dabei zu berücksichtigen sind, kann die Möglichkeit, Bitcoin-Zahlungen zu akzeptieren, Ihnen dabei helfen, Ihr Geschäft zu erweitern, Kosten zu senken und sich auf die Zukunft des digitalen Handels vorzubereiten. Es bleibt spannend zu sehen, wie sich Bitcoin und andere Kryptowährungen weiterhin in den Mainstream des Online-Handels einfügen werden.

Erweiterte Netzwerkanalyse für Bitcoin

Blockchain-Explorer und Analysetools

Blockchain-Explorer und Analysetools sind ein zentraler Bestandteil des Krypto-Ökosystems. Sie helfen dabei, die Transparenz und Offenheit der Blockchain zu nutzen und liefern wichtige Einblicke in die komplexe Welt der Kryptowährungen. Wir betrachten einige der beliebtesten Tools und zeigen, wie sie Ihnen helfen können, die Funktionsweise der Blockchain besser zu verstehen.

Beginnen wir mit den Blockchain-Explorern. Diese Online-Tools ermöglichen es Ihnen, Informationen über Blöcke, Transaktionen und Adressen auf der Blockchain abzurufen. Ein bekannter Blockchain-Explorer ist "BlockExplorer". Hier können Sie eine Bitcoin-Adresse eingeben und alle Transaktionen einsehen, die mit dieser Adresse verknüpft sind. Sie können sehen, wann die Transaktionen stattgefunden haben, wie viel Bitcoin übertragen wurde und welche Adressen beteiligt waren. Sie können auch Informationen über die Miner-Gebühren und die Bestätigungszeit jeder Transaktion einsehen.

Ein weiterer beliebter Explorer ist "EtherScan", der für die Ethereum-Blockchain entwickelt wurde. Ähnlich wie BlockExplorer ermöglicht EtherScan den Benutzern, detaillierte Informationen über Transaktionen, Adressen und Smart Contracts auf der Ethereum-Blockchain einzusehen. Eines der nützlichen Merkmale von EtherScan ist die Möglichkeit, den

Code von Smart Contracts zu überprüfen, was für Entwickler und Investoren von entscheidender Bedeutung sein kann.

Jetzt wenden wir uns den Blockchain-Analysetools zu. Diese leistungsstarken Werkzeuge liefern detaillierte Daten und Analysen zur Blockchain und den darauf ausgeführten Aktivitäten. Eines dieser Tools ist "Chainalysis". Chainalysis bietet umfassende Daten zur Nutzung von Kryptowährungen und zur Aktivität auf der Blockchain. Sie können sehen, welche Adressen die meisten Transaktionen durchführen, welche Länder am aktivsten sind und welche Arten von Transaktionen am häufigsten ausgeführt werden.

Ein weiteres Analysetool ist "IntoTheBlock". IntoTheBlock liefert tiefgehende Einblicke in die Finanzdaten von Kryptowährungen. Sie können Diagramme und Statistiken zu Preisbewegungen, Handelsvolumen, Transaktionsgrößen und mehr anzeigen. IntoTheBlock bietet auch Prognosewerkzeuge, mit denen Sie zukünftige Preisbewegungen und Marktverhalten vorhersagen können.

"Etherscan Analytics" ist ein weiteres leistungsfähiges Analysetool für die Ethereum-Blockchain. Mit Etherscan Analytics können Sie Statistiken über die Nutzung von Ethereum, einschließlich der Anzahl und Art der durchgeführten Transaktionen, den am häufigsten verwendeten Smart Contracts und mehr, einsehen.

Abschließend sind "Blockchair" und "CryptoCompare" beides umfassende Kryptowährungsanalysetools, die Daten zu einer Vielzahl von Kryptowährungen liefern. Sie bieten eine Vielzahl von Analysefunktionen, einschließlich Preisverfolgung, Volumenanalyse, Marktkapitalisierung und mehr.

Bei all diesen Tools sollten Sie sich daran erinnern, dass sie lediglich Informationen liefern. Sie sollten immer Ihre eigenen Nachforschungen anstellen und eine fundierte Entscheidung treffen, wenn es um Investitionen oder andere Aktivitäten im Bereich der Kryptowährungen geht. Unabhängig davon sind diese Tools wertvolle Ressourcen, die Ihnen helfen können, die Blockchain-Technologie besser zu verstehen und zu nutzen. Die Welt der Kryptowährungen ist komplex und ständig in Bewegung, und diese Tools können Ihnen dabei helfen, Schritt zu halten und fundierte Entscheidungen zu treffen.

Ein weiterer wichtiger Aspekt, den man bei der Nutzung von Blockchain-Explorern und -Analysetools beachten sollte, ist die Privatsphäre. Es ist wichtig zu wissen, dass, obwohl diese Werkzeuge wertvolle Einblicke liefern, sie auch das Potential haben, Datenschutzbedenken aufzuwerfen. Wenn Sie eine Transaktion auf einem Blockchain-Explorer wie BlockExplorer oder EtherScan nachverfolgen, sollten Sie sich bewusst sein, dass diese Informationen für alle sichtbar sind, die die Blockchain durchsuchen. Dies unterstreicht die Bedeutung von Sicherheitsmaßnahmen wie dem Gebrauch von neuen Adressen für jede Transaktion, um die Verbindung zwischen Ihren verschiedenen Transaktionen zu minimieren.

Daneben gibt es auch spezielle Analysetools, die sich auf die Sicherheit der Blockchain konzentrieren. Ein Beispiel ist "BlockSeer", ein Tool, das verdächtige Aktivitäten auf der Blockchain identifiziert. Es kann dazu beitragen, den Missbrauch von Kryptowährungen durch Kriminelle aufzudecken und zur Sicherheit des Krypto-Ökosystems beizutragen. Solche Tools sind besonders wichtig für Regulierungsbehörden und Strafverfolgungsbehörden, die Kryptowährungen in Kriminalfällen nachverfolgen.

In der heutigen digitalen Welt, in der Kryptowährungen und Blockchain-Technologie immer stärker in den Vordergrund rücken, sind diese Blockchain-Explorer und Analysetools unerlässlich. Sie ermöglichen es den Nutzern, tiefere Einblicke in die Aktivitäten auf den Kryptomärkten zu erhalten und fundierte Entscheidungen auf Basis von Daten zu treffen.

Die Blockchain-Explorer und Analysetools sind ein Beleg für die zunehmende Reife und Akzeptanz von Kryptowährungen. Sie zeigen, dass Kryptowährungen und die Blockchain-Technologie nicht nur Nischenprodukte für Technikbegeisterte sind, sondern sich zu einem wichtigen Bestandteil unseres digitalen Lebens entwickeln. Während die Technologie weiterhin Fortschritte macht, werden diese Tools wahrscheinlich noch leistungsfähiger und nuancierter werden, und weitere Werkzeuge werden zweifellos entwickelt werden, um die steigende Nachfrage nach detaillierten Blockchain-Daten und Analysen zu erfüllen. Die Nutzung dieser Tools kann Sie dabei unterstützen, ein versierterer Nutzer und Investor in der Krypto-Welt zu werden.

Identifizierung von Netzwerkmustern

Die Identifizierung von Netzwerkmustern ist ein wichtiger Aspekt der Analyse und Interpretation von Daten in komplexen Systemen, einschließlich Kryptowährungsnetzwerken wie Bitcoin. Die Entdeckung solcher Muster kann tiefe Einblicke in die Struktur und Dynamik des Netzwerks liefern und ermöglicht es Ihnen, Vorhersagen zu treffen oder potenzielle Probleme zu identifizieren.

Beginnen wir mit der einfachsten Ebene, der Identifizierung von Mustern auf der Ebene der einzelnen Transaktionen. Im Bitcoin-Netzwerk beispielsweise können wir durch die Untersuchung der Transaktionsdaten Muster wie die typischen Transaktionsgrößen, die Häufigkeit von Transaktionen zu bestimmten Zeiten oder das Verhalten bestimmter Adressen identifizieren. Mithilfe spezialisierter Analysetools können wir diese Daten visualisieren und interpretieren und so Verständnis für das zugrunde liegende Verhalten der Netzwerkteilnehmer gewinnen.

Auf einer etwas höheren Ebene können wir Netzwerkmuster identifizieren, indem wir die Beziehungen zwischen den verschiedenen Adressen im Netzwerk betrachten. In einem Kryptowährungsnetzwerk wird eine Transaktion zwischen zwei Adressen oft als ein "Link" zwischen ihnen betrachtet. Durch die Untersuchung der Muster dieser Links können wir Informationen über die Struktur des Netzwerks gewinnen. Beispielsweise könnten wir feststellen, dass bestimmte Adressen besonders aktiv sind oder dass es Cluster von Adressen gibt, die häufig zusammen Transaktionen durchführen.

Die Analyse von Netzwerkmustern kann auch auf Makroebene erfolgen. Hier könnten wir Muster im gesamten Netzwerk betrachten, etwa wie sich die Anzahl der Transaktionen über die Zeit verändert, oder wie die Verteilung der Guthaben auf die verschiedenen Adressen aussieht. Diese Art von Analyse kann uns helfen, Trends zu identifizieren oder das allgemeine Gesundheitszustand des Netzwerks zu beurteilen.

Ich möchte allerdings auch erwähnen, dass die Identifizierung von Netzwerkmustern in Kryptowährungsnetzwerken sowohl

Chancen als auch Herausforderungen bietet. Auf der positiven Seite kann diese Art von Analyse tiefe Einblicke in das Verhalten des Netzwerks liefern und uns dabei helfen, fundierte Entscheidungen zu treffen. Auf der anderen Seite kann es schwierig sein, aus den riesigen Mengen von Daten, die in diesen Netzwerken erzeugt werden, sinnvolle Muster zu extrahieren. Darüber hinaus kann die Dezentralisierung und Pseudonymität von Kryptowährungsnetzwerken es schwierig machen, die Bedeutung bestimmter Muster zu interpretieren.

Um diese Herausforderungen zu bewältigen, sind fortschrittliche Datenanalysetechniken und -tools erforderlich. Künstliche Intelligenz und maschinelles Lernen können beispielsweise dazu genutzt werden, Muster in großen Datenmengen zu identifizieren und zu interpretieren. Blockchain-Analyse-Tools können spezifisch dafür entwickelt werden, Netzwerkmuster in Kryptowährungsnetzwerken zu identifizieren und zu visualisieren.

In der Regel ist die Identifizierung von Netzwerkmustern ein aufregendes und herausforderndes Feld, das sich mit dem Wachstum und der Reifung der Kryptowährungstechnologie ständig weiterentwickelt. Mit den richtigen Tools und Kenntnissen können Sie wertvolle Erkenntnisse aus diesen Daten gewinnen und diese nutzen, um Ihr Verständnis und Ihre Nutzung von Kryptowährungen zu verbessern. Es ist ein weites Feld mit vielen unerforschten Gebieten und neuen Entdeckungen, die nur darauf warten, gemacht zu werden.

Die Psychologie des Bitcoin-Marktes

Verstehen von FOMO und anderen psychologischen Phänomenen

Die menschliche Psychologie spielt eine entscheidende Rolle im Handel und Investieren, insbesondere in hoch volatilen Märkten wie Kryptowährungen. Ein klares Verständnis dieser Phänomene ist wichtig, um effektiv zu investieren und Fehlentscheidungen zu vermeiden. Besonders relevant ist das Phänomen FOMO, oder "Fear Of Missing Out", also die Angst, eine Chance zu verpassen.

FOMO ist ein mächtiger psychologischer Mechanismus, der sich besonders in schnelllebigen, aufregenden Situationen bemerkbar macht. Bei Anlegern kann sich dies beispielsweise in dem starken Drang äußern, eine Investition zu tätigen, wenn der Preis einer bestimmten Anlage - wie etwa Bitcoin - stark steigt. Die Angst, einen potenziellen Gewinn zu verpassen, kann zu impulsiven Entscheidungen führen, die oft nicht im Einklang mit einer langfristigen Anlagestrategie stehen.

Es gibt jedoch noch andere psychologische Phänomene, die Anleger kennen sollten. Eines davon ist die sogenannte Bestätigungsverzerrung, bei der Menschen dazu neigen, Informationen zu suchen, die ihre bestehenden Überzeugungen und Vorurteile bestätigen, und widersprüchliche Informationen zu ignorieren. Dies kann dazu führen, dass Anleger Warnsignale übersehen und ihre Risiken unterschätzen.

Ein weiteres relevantes Phänomen ist die Herdenmentalität. In Zeiten von Unsicherheit neigen Menschen oft dazu, das Verhalten anderer zu imitieren, in der Hoffnung, dass die "Herde" weiß, was sie tut. In der Welt des Krypto-Handels kann dies zu extremen Preisschwankungen führen, wenn große Mengen von Anlegern gleichzeitig kaufen oder verkaufen.

Verlustaversion ist ein weiterer wichtiger psychologischer Aspekt. Menschen haben oft mehr Angst vor Verlusten, als sie Freude an Gewinnen haben. Das führt dazu, dass sie oft zu lange an Verlustbringenden Positionen festhalten, in der Hoffnung, dass sich die Dinge wieder zum Guten wenden, und damit ihr Risiko erhöhen.

Gleichzeitig gibt es das Phänomen der übermäßigen Selbstsicherheit. Einige Anleger neigen dazu, ihre Fähigkeiten oder ihr Wissen zu überschätzen und dadurch riskante Entscheidungen zu treffen. Sie glauben, sie könnten die Marktbedingungen besser vorhersagen, als dies tatsächlich der Fall ist, was oft zu erheblichen Verlusten führt.

Diese psychologischen Phänomene zu verstehen und zu erkennen, wann sie unser Denken und Handeln beeinflussen, ist ein Schlüsselaspekt für erfolgreiche Investitionen. Es ist wichtig, bewusst und diszipliniert zu bleiben und Entscheidungen auf der Grundlage fundierter Analysen und einer durchdachten Strategie zu treffen, anstatt sich von Emotionen leiten zu lassen.

Eine Möglichkeit, die Auswirkungen dieser Phänomene zu minimieren, besteht darin, klare Investitionsziele zu setzen und sich an einen vorher festgelegten Plan zu halten. Es kann auch hilfreich sein, regelmäßig eine Selbsteinschätzung durchzuführen und das eigene Verhalten und die eigenen Entscheidungen kritisch zu hinterfragen.

Darüber hinaus kann es sinnvoll sein, sich Unterstützung zu suchen. Dies kann durch Bildung, beispielsweise durch das Studium von Marktanalysen oder die Teilnahme an Kursen, oder durch die Nutzung von Beratungsdiensten erfolgen. Es ist immer hilfreich, eine zweite Meinung einzuholen und sich über die neuesten Erkenntnisse und Strategien auf dem Laufenden zu halten.

Insgesamt ist die Kenntnis der eigenen psychologischen Tendenzen und der Mechanismen, die das eigene Denken und Handeln beeinflussen, ein wichtiger Teil des Investierens. Durch das Verstehen und Berücksichtigen dieser Faktoren können Sie bessere Entscheidungen treffen, Ihre Risiken minimieren und Ihre Chancen auf Erfolg erhöhen. Investieren ist nicht nur eine Frage von Zahlen und Daten, sondern auch von menschlichem Verhalten und Emotionen. Indem wir uns dessen bewusst sind und danach handeln, können wir uns einen wertvollen Vorteil verschaffen.

Anwendung von Behavioral Finance auf Bitcoin-Investitionen

Behavioral Finance, also Verhaltensökonomie, ist eine Disziplin, die das menschliche Verhalten in finanziellen Kontexten untersucht und versucht, Erklärungen für Anlageentscheidungen zu liefern, die von der traditionellen Finanztheorie abweichen. Im Zusammenhang mit Bitcoin und anderen Kryptowährungen bietet die Verhaltensökonomie wertvolle Einblicke, wie Anleger auf die extreme Volatilität und Unsicherheit dieser Märkte reagieren.

Ein wichtiges Konzept der Behavioral Finance ist die Heuristik. Heuristiken sind vereinfachte Denkstrategien oder "Faustregeln", die Menschen verwenden, um Entscheidungen zu treffen. Sie können nützlich sein, um schnelle Entscheidungen zu treffen, können aber auch zu systematischen Fehlern oder "Verzerrungen" führen. In der Welt der Kryptowährungen könnten Anleger beispielsweise die Heuristik der Verfügbarkeit nutzen, bei der Entscheidungen auf der Grundlage leicht verfügbarer Informationen getroffen werden. Dies könnte bedeuten, dass Anleger, die kürzlich Nachrichten über starke Preisschwankungen bei Bitcoin gesehen haben, überproportional wahrscheinlich in Bitcoin investieren, unabhängig von den langfristigen Aussichten.

Ein weitere Seite der Behavioral Finance ist die Prospect Theory, die beschreibt, wie Menschen Gewinne und Verluste bewerten. Menschen neigen dazu, Verluste stärker zu gewichten als Gewinne, ein Phänomen, das als Verlustaversion bekannt ist. In einem volatilen Markt wie Bitcoin kann dies dazu führen, dass Anleger übermäßig riskante Entscheidungen treffen, um Verluste zu vermeiden. Beispielsweise könnten sie dazu neigen, ihre Investitionen zu halten, auch wenn der Markt stark fällt, in der Hoffnung, dass sich der Preis erholen wird.

Die Overconfidence Bias, oder übermäßiges Vertrauen, ist ein weiteres Phänomen, das in der Verhaltensökonomie untersucht wird. Es bezieht sich auf die Tendenz von Individuen, ihre Fähigkeiten, ihr Wissen oder ihre Kontrolle über Ereignisse zu überschätzen. Im Zusammenhang mit Bitcoin könnte dies dazu führen, dass Anleger ihre Fähigkeit überschätzen, Preisbewegungen vorherzusagen oder den "richtigen" Zeitpunkt zum Kauf oder Verkauf zu finden. Diese Überzeugung kann zu übermäßigem Handel und erhöhtem Risiko führen.

Die Behavioral Finance bietet auch Einblicke in das Phänomen der Herdenmentalität. In unsicheren oder komplexen Situationen neigen Menschen dazu, das Verhalten anderer zu kopieren. Dies kann in der Kryptowährungswelt zu starken Preisbewegungen führen, wenn viele Anleger gleichzeitig versuchen, in eine bestimmte Kryptowährung zu investieren oder diese zu verkaufen.

Ein tieferes Verständnis dieser und anderer verhaltensökonomischer Prinzipien kann Anlegern helfen, bessere Entscheidungen zu treffen. Durch die Bewusstwerdung eigener Verzerrungen und Heuristiken kann man sich vor impulsiven oder unüberlegten Investitionsentscheidungen schützen. Auch kann die Verwendung von Strategien wie Diversifikation, die Einhaltung eines klaren Anlageplans und das Streben nach ständiger Bildung dazu beitragen, die Auswirkungen von Verhaltensverzerrungen zu minimieren.

Bitcoin und andere Kryptowährungen bieten aufgrund ihrer Volatilität und Komplexität eine reiche Spielwiese für verhaltensökonomische Studien. Die in der Behavioral Finance gewonnenen Erkenntnisse können wertvolle Werkzeuge sein, um die Herausforderungen und Chancen, die diese einzigartigen Märkte bieten, besser zu navigieren. Bitcoin ist mehr als nur eine Währung oder ein Anlageinstrument - es ist ein Spiegel, der uns unsere eigenen Verhaltensmuster und -tendenzen vor Augen führt. Die Kenntnis dieser Dynamiken ist nicht nur für den Erfolg Ihrer Investitionen von entscheidender Bedeutung, sondern bietet auch wertvolle Einblicke in Ihre eigenen Denkprozesse und Entscheidungsmuster.

Die Anerkennung und Bewältigung der kognitiven Verzerrungen, die in der Verhaltensökonomie identifiziert wurden, ist ein zentraler Punkt bei der Anwendung dieser Disziplin auf Bitcoin-Investitionen. Das Wissen um diese Verzerrungen ist jedoch nur der erste Schritt. Der nächste Schritt besteht darin, Strategien zu entwickeln, um diese Verzerrungen zu überwinden oder zu minimieren.

Eine solche Strategie könnte darin bestehen, eine Disziplin der regelmäßigen Reflexion und Überprüfung Ihrer Anlageentscheidungen einzuführen. Indem Sie einen Schritt zurücktreten und Ihre Entscheidungen und die Gründe, warum Sie sie getroffen haben, sorgfältig prüfen, können Sie möglicherweise Muster erkennen, die auf kognitive Verzerrungen hinweisen. Sie könnten auch einen vertrauenswürdigen Berater oder Mentor suchen, um Ihre Entscheidungen und Ihr Denken zu hinterfragen, was eine weitere Möglichkeit bieten kann, potenzielle Verzerrungen zu identifizieren.

Ein weiterer Ansatz zur Bewältigung kognitiver Verzerrungen ist die Verwendung von Technologien oder Werkzeugen, die auf dem Prinzip der "Nudges" oder sanften Stupser basieren. Diese Werkzeuge sind so konzipiert, dass sie Benutzer dazu anregen, Entscheidungen zu treffen, die ihren langfristigen Zielen besser entsprechen. Beispielsweise könnte eine Anlage-App Sie regelmäßig daran erinnern, Ihre Anlageziele und -strategie zu überprüfen, oder sie könnte Sie warnen, wenn Sie Anzeichen von übermäßigem Handel zeigen.

Ebenso kann die Verwendung von automatisierten Anlagestrategien, wie dem Dollar-Cost-Averaging, bei der regelmäßige Investitionen unabhängig von den aktuellen Marktpreisen getätigt werden, dabei helfen, emotionale Entscheidungen zu vermeiden, die oft zu überhöhten Preisen führen. Automatisierte Strategien können dazu beitragen, dass Sie einen disziplinierten Anlageansatz beibehalten und die Auswirkungen von Verzerrungen wie der Verlustaversion oder dem übermäßigen Vertrauen minimieren.

Schließlich kann die kontinuierliche Bildung eine entscheidende Rolle bei der Bewältigung der Herausforderungen spielen, die kognitive Verzerrungen für Bitcoin-Investoren darstellen. Indem Sie sich ständig über die neuesten Erkenntnisse und Forschungen in der Verhaltensökonomie, der Kryptowährungstechnologie und anderen relevanten Bereichen auf dem Laufenden halten, können Sie besser verstehen, wie diese Verzerrungen Ihr Denken und Handeln beeinflussen und lernen, wie Sie effektiv damit umgehen können.

Unabhängig von den spezifischen Strategien, die Sie wählen, um mit kognitiven Verzerrungen umzugehen, ist es unerlässlich, dass Sie ein Bewusstsein für diese Verzerrungen und ihre potenziellen Auswirkungen auf Ihre Anlageentscheidungen entwickeln. Nur so können Sie die volle Kontrolle über Ihre Bitcoin-Investitionen übernehmen und sicherstellen, dass diese Entscheidungen Ihre langfristigen finanziellen Ziele und Werte widerspiegeln.

Bitcoin und die Philosophie des Geldes

Bitcoin und der Ursprung des Wertes

Die Wertschätzung von Bitcoin hängt von vielen Faktoren ab, darunter seine Technologie, seine Rolle als Wertspeicher und seine Nutzungsmöglichkeiten. Um den Ursprung des Wertes von Bitcoin zu verstehen, ist es wichtig, diese Faktoren zu betrachten und die Philosophie und die Prinzipien zu verstehen, die der Kryptowährung zugrunde liegen.

Bitcoin wurde 2009 von einer anonymen Person oder Gruppe namens Satoshi Nakamoto eingeführt. Nakamoto schrieb das Bitcoin-Whitepaper und entwickelte die Blockchain-Technologie, die es ermöglicht, Transaktionen ohne die Notwendigkeit einer zentralen Autorität oder eines Dritten zu verifizieren. Dieser technologische Durchbruch war ein entscheidender Faktor für den anfänglichen Wert von Bitcoin, da er eine revolutionäre neue Möglichkeit zur Durchführung von Transaktionen bot.

Der zugrunde liegende Wert von Bitcoin geht jedoch über seine Technologie hinaus. Eine zentrale Idee hinter Bitcoin ist die einer dezentralisierten Währung, die frei von staatlicher Kontrolle ist. Dieses Prinzip spiegelt einen tieferen Glauben an die Wichtigkeit der finanziellen Selbstbestimmung und der Freiheit von staatlicher Kontrolle wider. Viele Menschen schätzen Bitcoin wegen seiner Fähigkeit, diesen Prinzipien zu entsprechen und gleichzeitig eine sichere und effiziente Form der Transaktion zu bieten.

Bitcoin dient auch als Wertspeicher, ähnlich wie Gold. Die Anzahl der Bitcoins, die jemals existieren werden, ist auf 21 Millionen begrenzt. Diese Knappheit, kombiniert mit der steigenden Nachfrage, hat dazu beigetragen, den Wert von Bitcoin zu steigern. Es ist diese Knappheit, zusammen mit seiner Dezentralisierung und Sicherheit, die Bitcoin zu einem attraktiven "sicheren Hafen" für Anleger macht, besonders in Zeiten wirtschaftlicher Unsicherheit.

Darüber hinaus hat die breite Akzeptanz von Bitcoin als Zahlungsmittel seinen Wert gesteigert. Immer mehr Unternehmen akzeptieren Bitcoin als Zahlungsmittel, was seine Nützlichkeit und damit seinen Wert erhöht. Darüber hinaus hat die Möglichkeit, Bitcoin zur Überweisung von Geld über Grenzen hinweg zu nutzen, ohne dass hohe Gebühren anfallen, seinen Wert für Menschen in Ländern mit eingeschränktem Zugang zu traditionellen Bankdienstleistungen erhöht.

Trotz dieser Faktoren ist der Wert von Bitcoin sehr volatil und kann von einer Vielzahl von Faktoren beeinflusst werden, darunter staatliche Vorschriften, Marktstimmung und technologische Entwicklungen. Dies macht es zu einer potenziell riskanten Investition, trotz seiner vielen Vorteile.

Schließlich sollten Sie jedoch beachten, dass der Wert von Bitcoin in hohem Maße von der Wahrnehmung der Nutzer und der breiteren Öffentlichkeit abhängt. Wie bei jeder Währung ist der Wert von Bitcoin letztlich das, was Menschen bereit sind, dafür zu zahlen. Dieser subjektive Wert wird von vielen Faktoren beeinflusst, darunter die oben genannten, sowie von anderen Faktoren wie dem Vertrauen in die Technologie und die zukünftigen Aussichten für Kryptowährungen im Allgemeinen.

In Anbetracht all dieser Aspekte wird deutlich, dass der Ursprung des Wertes von Bitcoin in einer Kombination aus technologischen Innovationen, philosophischen Prinzipien und praktischen Nutzen liegt. Gleichzeitig wird sein Wert von einer Vielzahl von Faktoren beeinflusst, die seine Volatilität erhöhen und seine Akzeptanz als Mainstream-Währung erschweren können. Trotz dieser Herausforderungen hat Bitcoin jedoch das Potenzial, weiterhin einen wichtigen Einfluss auf die globale Wirtschaft auszuüben und die Art und Weise, wie Menschen über Geld und Transaktionen denken, neu zu definieren.

Während wir den Ursprung des Wertes von Bitcoin ergründen, ist es zudem erwähnenswert, wie der Prozess der Wertbildung von Bitcoin funktioniert, insbesondere im Kontext von Angebot und Nachfrage. Als erstes und bekanntestes Beispiel für eine Kryptowährung hat Bitcoin einen Vorteil in Bezug auf seine Bekanntheit und Akzeptanz. Mit steigender Nachfrage und begrenztem Angebot (da es, wie bereits erwähnt, eine maximale Menge von 21 Millionen Bitcoins gibt) steigt der Wert von Bitcoin oft an. Dies ist ein klassisches Beispiel für die Wirtschaftstheorie von Angebot und Nachfrage.

Gleichzeitig ist der Nutzen von Bitcoin für bestimmte Anwendungen ein weiterer wichtiger Faktor für seinen Wert. Zum Beispiel können Menschen in Ländern mit unzuverlässigen Finanzsystemen oder hohen Inflationsraten Bitcoin als stabileren Wertspeicher nutzen. Zudem ermöglicht Bitcoin globale Transaktionen, die schneller und kostengünstiger sind als traditionelle Methoden wie

Banküberweisungen oder sogar Zahlungsdienstleister. Diese praktischen Vorteile tragen zur Wertsteigerung von Bitcoin bei.

Bitcoin hat auch einen kulturellen und sozialen Wert, der über seine rein finanziellen Merkmale hinausgeht. Für viele steht Bitcoin als Symbol für eine Bewegung hin zu größerer finanzieller Freiheit und weg von der Kontrolle von traditionellen Finanzinstitutionen und Regierungen. Dieser ideelle Wert kann auch zur Wertschätzung von Bitcoin beitragen.

Es ist auch interessant, sich den spekulativen Aspekt von Bitcoin anzusehen. Viele Investoren kaufen Bitcoin in der Hoffnung, dass sein Wert steigen wird, und nicht unbedingt, um es als Währung zu nutzen. Diese Spekulation kann kurzfristige Preisvolatilität verursachen, aber sie hat auch dazu beigetragen, Bitcoin in das Bewusstsein der breiten Öffentlichkeit zu rücken und hat so zur allgemeinen Akzeptanz und zum Wert von Bitcoin beigetragen.

Und doch, obwohl Bitcoin viele bemerkenswerte Eigenschaften und Vorteile hat, die seinen Wert begründen, bleibt es ein komplexes und volatiles Gut. Sein Wert kann durch eine Vielzahl von Faktoren stark schwanken, darunter regulatorische Entwicklungen, technologische Fortschritte, Marktdynamik und Veränderungen in der öffentlichen Wahrnehmung. Deshalb ist es relevant, sorgfältige Forschung zu betreiben und informierte Entscheidungen zu treffen, wenn man sich mit Bitcoin und anderen Kryptowährungen beschäftigt.

Obwohl es unmöglich ist, den genauen Weg zu bestimmen, den der Wert von Bitcoin in der Zukunft nehmen wird, ist es klar, dass Bitcoin eine einzigartige Kombination von Eigenschaften bietet, die es von traditionellen Währungen und Vermögenswerten unterscheiden. Ob diese Eigenschaften letztendlich dazu führen, dass Bitcoin eine weit verbreitete Akzeptanz und einen dauerhaften Wert erreicht, wird die Zeit zeigen. Unabhängig davon hat Bitcoin bereits die Art und Weise, wie wir über Geld, Transaktionen und das Finanzsystem denken, nachhaltig beeinflusst.

Bitcoin und das Konzept des Vertrauens

Vertrauen ist ein entscheidender Bestandteil jedes Finanzsystems. In traditionellen Währungssystemen vertrauen wir Banken und Regierungen, um den Wert unserer Währung zu erhalten und Transaktionen zu sichern. Bitcoin und andere Kryptowährungen stellen dieses Modell des Vertrauens jedoch auf den Kopf. Anstatt dass wir auf zentrale Autoritäten vertrauen müssen, stützt sich das Bitcoin-System auf kryptographische Sicherheit und ein dezentrales Netzwerk von Computern (den Blockchain), um Vertrauen zu schaffen und aufrechtzuerhalten.

Bitcoin ist eine Währung, die auf dem Prinzip des "Vertrauens durch Verifikation" basiert. Jede Transaktion wird durch komplexe kryptographische Algorithmen gesichert, die praktisch unmöglich zu fälschen sind. Diese Transaktionen werden dann in die Blockchain aufgenommen, einem öffentlich einsehbaren und unveränderbaren Hauptbuch aller Bitcoin-Transaktionen. Das Schöne an diesem System ist, dass es transparent und autonom ist. Jeder kann die Blockchain einsehen und verifizieren, dass eine Transaktion stattgefunden hat, und es sind keine Mittelsmänner wie Banken oder Zahlungsabwickler erforderlich.

Aber Vertrauen geht über die rein technische Sicherheit hinaus. Vertrauen in Bitcoin bezieht sich auch auf das Vertrauen in den Wert von Bitcoin selbst. Da Bitcoin nicht von einer Regierung oder einer Zentralbank unterstützt wird, hängt sein Wert stark von der Bereitschaft der Menschen ab, es als Zahlungsmittel zu akzeptieren und darin zu investieren. In diesem Sinne ist das Vertrauen in Bitcoin auch ein Maß für sein soziales und wirtschaftliches Netzwerk.

Bitcoin hat auch das Konzept des Vertrauens auf eine Weise verändert, die in traditionellen Finanzsystemen nicht möglich ist. Durch den Einsatz von Smart Contracts und anderen Blockchain-Technologien kann Vertrauen programmiert und automatisiert werden. Ein Smart Contract ist ein selbstausführender Vertrag, dessen Bedingungen in Code geschrieben und auf der Blockchain gespeichert sind. Wenn die Bedingungen erfüllt sind, wird der Vertrag automatisch ausgeführt, ohne dass ein Mittelsmann oder eine vertrauenswürdige dritte Partei erforderlich ist. Dies eröffnet völlig neue Möglichkeiten für Vertrauensbeziehungen und Finanztransaktionen.

Gleichzeitig stellt die dezentrale und pseudonyme Natur von Bitcoin neue Herausforderungen in Bezug auf Vertrauen und Sicherheit. Während Bitcoin-Transaktionen sicher sind, können sie, sobald sie ausgeführt wurden, nicht rückgängig gemacht werden. Das bedeutet, dass wenn Sie Bitcoin an eine falsche Adresse senden oder Ihr Bitcoin gestohlen wird, es unwahrscheinlich ist, dass Sie es zurückbekommen können. Zudem gibt es keine Regulierung oder Versicherung wie in einem traditionellen Bankensystem. Dies erfordert ein hohes Maß an Eigenverantwortung und Sorgfalt von den Nutzern.

Darüber hinaus stellt das Vertrauen in Bitcoin und seine zugrunde liegende Blockchain-Technologie auch ein soziales und politisches Statement dar. Viele Anhänger von Bitcoin sehen in der Kryptowährung ein Werkzeug zur Stärkung der individuellen Freiheit, zur Untergrabung von ineffizienten oder korrupten Institutionen und zur Förderung von Transparenz und Gleichheit. Dieses Vertrauen in die transformative Kraft von Bitcoin geht über das rein technische oder finanzielle Vertrauen hinaus und spricht die tiefgreifenden sozialen und kulturellen Auswirkungen an, die Bitcoin und andere Kryptowährungen haben können.

Im Kern stellt Bitcoin unser Verständnis von Vertrauen in Frage und eröffnet neue Möglichkeiten, wie Vertrauen in einem digitalen, globalisierten Zeitalter gestaltet werden kann. Trotz seiner Herausforderungen und Unwägbarkeiten zeigt Bitcoin, dass Vertrauen nicht notwendigerweise eine zentrale Autorität erfordert, sondern durch Technologie, Transparenz und die Macht der Gemeinschaft aufgebaut werden kann. Dieses neue Konzept des Vertrauens, das Bitcoin verkörpert, wird uns wahrscheinlich noch lange beschäftigen und kann zu einer Neugestaltung unserer finanziellen Systeme und darüber hinaus führen.

Dieses neuartige Verständnis von Vertrauen, das Bitcoin hervorbringt, verändert nicht nur unser Verhältnis zu Geld, sondern auch zu vielen anderen Bereichen des täglichen Lebens. Die Auswirkungen des Vertrauens durch Blockchain-Technologie sind über die Finanzwelt hinaus zu sehen und verändern die Art und Weise, wie wir Verträge abschließen, Eigentum nachweisen, geistiges Eigentum schützen und sogar wählen.

Die Blockchain-Technologie, die Bitcoin untermauert, bietet die Möglichkeit, jede Art von Vertragsbeziehung oder Transaktion sicher, transparent und ohne Vermittler zu dokumentieren. Dies erweitert das Konzept des Vertrauens weit über die Finanztransaktionen hinaus und könnte tiefgreifende Auswirkungen auf Rechts-, Geschäfts- und Regierungssysteme haben. Durch die Nutzung von Smart Contracts und dezentralen autonomen Organisationen (DAOs) können beispielsweise komplexe Vertragsbeziehungen automatisiert und ohne menschliches Eingreifen ausgeführt werden.

Darüber hinaus kann die Blockchain-Technologie dazu genutzt werden, Eigentumsrechte nachzuweisen und zu sichern. Sei es das Eigentum an einem Haus, an geistigem Eigentum oder an digitalen Gütern - die Fähigkeit, den Besitz und die Transaktionen von Vermögenswerten transparent und unveränderbar zu verfolgen, könnte unser Verständnis von Eigentum und Besitz radikal verändern.

Ein weiterer spannender Anwendungsbereich ist die Möglichkeit, das Wahl- und Abstimmungssystem zu verbessern. Durch die Nutzung der Blockchain-Technologie können Wahlen transparent, sicher und manipulationssicher durchgeführt werden. Dies könnte nicht nur das Vertrauen in die politischen Systeme stärken, sondern auch dazu beitragen, das demokratische Engagement zu erhöhen und politische Prozesse effizienter zu gestalten.

Die Kombination von Transparenz, Sicherheit und Autonomie, die die Blockchain-Technologie bietet, kann unser Verständnis von Vertrauen neu formen und Bereiche des Lebens verändern, die weit über das Finanzwesen hinausgehen. Während diese Veränderungen nicht ohne Herausforderungen und Risiken sind, bieten sie auch spannende Möglichkeiten. Vertrauen ist kein statisches Konzept, und die Entwicklung von Bitcoin und der Blockchain-Technologie zeigt, dass es immer neue Wege gibt, Vertrauen zu schaffen und aufrechtzuerhalten. Dieser Wandel des Vertrauens in der digitalen Ära bietet spannende Möglichkeiten für die Zukunft.

Die Zukunft von Bitcoin

Potenzielle Szenarien und Auswirkungen

Wenn wir uns die potenziellen Szenarien und Auswirkungen des Bitcoin-Ökosystems ansehen, sind sie ebenso vielfältig wie das Ökosystem selbst. Bitcoin ist nicht nur ein Zahlungsmittel, sondern auch eine Investition, ein gesellschaftlicher Wandel und ein technologischer Fortschritt. Daher ist es sinnvoll, die potenziellen Szenarien und Auswirkungen in diesen vier Bereichen zu betrachten.

Im Bereich der Zahlungsmittel könnte Bitcoin in Zukunft eine zunehmend wichtige Rolle spielen. Wir können ein Szenario skizzieren, in dem Bitcoin als Hauptwährung für Online-Transaktionen dient, sowohl für den Kauf von Waren und Dienstleistungen als auch für die Übertragung von Geld über Grenzen hinweg. In diesem Szenario würde die Rolle traditioneller Finanzinstitute geschwächt, und die Finanzautonomie würde gestärkt. Die Auswirkungen einer solchen Entwicklung auf die globale Wirtschaft und das

Finanzsystem könnten beträchtlich sein, wobei sich die Macht weg von traditionellen Finanzinstituten hin zu den Nutzern verlagern würde.

Im Bereich der Investitionen könnte Bitcoin zunehmend als sicherer Hafen in Zeiten wirtschaftlicher Unsicherheit gesehen werden. In einem solchen Szenario könnten wir sehen, wie immer mehr Investoren Bitcoin in ihre Portfolios aufnehmen, was den Preis von Bitcoin in die Höhe treibt und gleichzeitig die Volatilität reduziert. Dies würde auch die Rolle von Bitcoin als Spekulationsobjekt verringern und es mehr zu einer Wertaufbewahrung machen, ähnlich wie Gold.

Auf gesellschaftlicher Ebene könnte Bitcoin zu einer stärkeren finanziellen Inklusion führen. In Entwicklungsländern, in denen der Zugang zu traditionellen Bankdienstleistungen eingeschränkt ist, könnte Bitcoin eine kostengünstige und zugängliche Alternative bieten. In diesem Szenario könnten wir eine Welt sehen, in der Menschen, die bisher vom Finanzsystem ausgeschlossen waren, Zugang zu Finanzdienstleistungen haben, was zu mehr Wohlstand und weniger Ungleichheit führen könnte.

Technologisch gesehen könnte die Blockchain-Technologie, die Bitcoin zugrunde liegt, weitreichende Auswirkungen auf viele verschiedene Bereiche haben. In einem solchen Szenario könnten wir sehen, wie Blockchain-Technologie in Bereichen wie dem Internet der Dinge, der Lieferkettenverfolgung, dem Gesundheitswesen und vielen anderen Anwendungen zum Einsatz kommt. Die Auswirkungen dieser technologischen Veränderungen könnten weitreichend sein und könnten dazu führen, dass wir die Art und Weise, wie wir Daten speichern und teilen, völlig neu denken.

Man sollte nicht übersehen, dass diese Szenarien nicht in Stein gemeißelt sind und dass die tatsächlichen Entwicklungen von vielen Faktoren abhängen, einschließlich technologischer Fortschritte, regulatorischer Entscheidungen und Veränderungen im Nutzerverhalten. Aber unabhängig davon, in welche Richtung sich Bitcoin entwickelt, ist klar, dass die potenziellen Auswirkungen tiefgreifend sein könnten. Es bleibt spannend, zu beobachten, wie sich Bitcoin und das gesamte Ökosystem der Kryptowährungen in den kommenden Jahren weiterentwickeln werden.

Bitcoin und die nächste Generation der Blockchain

Die Geschichte der Blockchain-Technologie und Bitcoin sind untrennbar miteinander verbunden. Bitcoin, das als erstes Produkt der Blockchain-Technologie hervorging, war und ist ein Pionier auf diesem Gebiet. Mit seiner bahnbrechenden Innovation hat Bitcoin den Weg für zahlreiche nachfolgende Kryptowährungen und Anwendungen geebnet. Doch mit der stetigen Weiterentwicklung der Technologie stellt sich die Frage, was die nächste Generation der Blockchain für Bitcoin bedeutet.

Die aktuelle Generation der Blockchain, auch als Blockchain 2.0 bezeichnet, hat sich bereits weit über die ursprünglichen Funktionen von Bitcoin hinausentwickelt. Sie integriert sogenannte Smart Contracts – selbst ausführende Verträge, die auf der Blockchain kodiert sind. Die bekannteste Plattform für Smart Contracts ist Ethereum, die es ermöglicht, dezentralisierte Anwendungen (DApps) zu erstellen und auszuführen.

Für Bitcoin, das immer noch auf der ersten Generation der Blockchain-Technologie basiert, könnte dies bedeuten, dass es sich weiterentwickeln muss, um relevant zu bleiben. Eine Möglichkeit könnte darin bestehen, dass Bitcoin durch Upgrades oder Hard Forks Funktionen der nächsten Blockchain-Generation integriert, wie es bereits bei der Implementierung des Segregated Witness (SegWit) Protokolls der Fall war. Eine andere Möglichkeit wäre, dass Bitcoin seine Position als "digitales Gold" konsolidiert, während andere Kryptowährungen die Vorreiterrolle bei der Implementierung neuer Technologien übernehmen.

Eine weitere Entwicklung in der nächsten Generation der Blockchain-Technologie ist die Verbesserung der Skalierbarkeit. Bitcoin hat bereits Probleme mit langsamen Transaktionszeiten und hohen Gebühren, besonders während Zeiten hoher Netzwerkauslastung. Technologien wie das Lightning-Netzwerk sind bereits in Entwicklung und Implementierung, um diese Probleme anzugehen. Das Lightning-Netzwerk ermöglicht off-chain Transaktionen, die fast sofort und zu sehr geringen Gebühren abgewickelt werden können.

Darüber hinaus wird die nächste Generation der Blockchain-Technologie wahrscheinlich stärker auf Interoperabilität ausgerichtet sein, d.h. auf die Fähigkeit, mit anderen Blockchains zu interagieren und zu kommunizieren. Dies könnte dazu führen, dass Bitcoin in einem größeren Ökosystem von Blockchains und Kryptowährungen funktioniert, anstatt in Isolation. Ein solches Ökosystem könnte es ermöglichen, Wert und Informationen nahtlos zwischen verschiedenen Blockchains zu übertragen.

Zusätzlich zur technologischen Entwicklung wird die nächste Generation der Blockchain wahrscheinlich auch neue regulatorische Herausforderungen mit sich bringen. Mit der wachsenden Akzeptanz und dem Mainstream-Einsatz von Kryptowährungen rücken diese immer stärker in den Fokus von Regulierungsbehörden. Bitcoin und andere Kryptowährungen müssen wahrscheinlich flexibel auf neue regulatorische Anforderungen reagieren.

Schließlich wird die nächste Generation der Blockchain-Technologie wahrscheinlich eine noch stärkere Betonung auf Datenschutz und Anonymität legen. Obwohl Bitcoin einige Anonymitätsmerkmale bietet, sind alle Transaktionen öffentlich auf der Blockchain sichtbar, was zu Bedenken hinsichtlich der Privatsphäre führt. Neue Technologien wie Zero-Knowledge-Proofs könnten in Zukunft eine größere Anonymität ermöglichen.

Angesichts dieser potenziellen Entwicklungen wird es spannend sein, zu sehen, wie Bitcoin sich anpasst und in der nächsten Generation der Blockchain-Technologie weiterhin relevant bleibt. Unabhängig vom genauen Pfad, den Bitcoin in der Zukunft einschlagen wird, hat seine bahnbrechende Rolle bei der Einführung der Blockchain-Technologie einen dauerhaften Einfluss auf die Welt der Technologie und darüber hinaus gehabt.

Sie sollten aber auch bedenken, dass sich nicht nur die Technologie selbst, sondern auch das Verständnis und die Akzeptanz von Bitcoin in der Gesellschaft weiterentwickeln werden. Durch Bildungsinitiativen und den Zugang zu

Benutzerfreundlichen Anwendungen haben immer mehr Menschen die Möglichkeit, sich mit Bitcoin und der Blockchain-Technologie vertraut zu machen. Das hat das Potenzial, neue Anwendungsbereiche zu eröffnen, die die Gesellschaft auf einer tieferen Ebene verändern können, indem sie zum Beispiel die finanzielle Inklusion verbessern.

Gleichzeitig wird die Infrastruktur rund um Bitcoin stetig weiterentwickelt. Mit fortschrittlicheren Brieftaschen, Börsen und Zahlungsdienstleistern wird es immer einfacher, Bitcoin zu speichern, zu handeln und für Transaktionen zu nutzen. Dies könnte dazu beitragen, Bitcoin für eine breitere Masse von Menschen zugänglicher zu machen und seine Akzeptanz als Zahlungsmittel zu fördern. Die zunehmende Akzeptanz von Bitcoin durch große Unternehmen und Finanzinstitutionen könnte hierbei eine entscheidende Rolle spielen.

Ein weiteres interessantes Element in der Entwicklung von Bitcoin und der nächsten Generation der Blockchain ist die Rolle der Gemeinschaft. Die dezentrale Natur von Bitcoin bedeutet, dass die Weiterentwicklung und Richtung der Technologie in den Händen der Gemeinschaft liegt, die Bitcoin nutzt und unterstützt. Dieses Modell des kollektiven Eigentums und der kollektiven Entscheidungsfindung könnte ein Vorbild für andere Technologien und Gemeinschaften in der Zukunft sein.

Es ist auch erwähnenswert, dass die nächste Generation der Blockchain-Technologie wahrscheinlich eine größere Rolle in der Weltwirtschaft spielen wird. Dies könnte dazu führen, dass Bitcoin und andere Kryptowährungen immer mehr als ein legitimes und potenziell stabiles Anlageinstrument betrachtet werden. Dies würde nicht nur die Art und Weise ändern, wie Menschen über Geld und Vermögen denken, sondern könnte auch die Finanzmärkte und die Wirtschaft insgesamt beeinflussen.

Zuletzt ist zu sagen, dass die nächste Generation der Blockchain-Technologie wahrscheinlich auch größere gesellschaftliche Auswirkungen haben wird. Durch die Förderung von Transparenz und die Reduzierung der Notwendigkeit von Vertrauen könnte die Blockchain-Technologie dazu beitragen, Korruption zu bekämpfen, die Effizienz in verschiedenen Branchen zu verbessern und das Potenzial für dezentrale, autonome Organisationen zu erschließen. In diesem Zusammenhang könnte Bitcoin als Pionier und Wegbereiter für diese Transformation fungieren.

Vor dem Hintergrund dieser vielfältigen und weitreichenden Potenziale bleibt es spannend, wie sich die Rolle von Bitcoin in der nächsten Generation der Blockchain-Technologie weiterentwickeln wird. Obwohl es schwierig ist, genaue Vorhersagen zu treffen, ist klar, dass Bitcoin und die Blockchain-Technologie noch viele interessante Entwicklungen und Überraschungen für uns bereithalten.

Fazit

Bitcoin, eine Währung, die aus der digitalen Welt geboren wurde, hat die Art und Weise, wie wir über Geld, Vertrauen und den Wert von Vermögenswerten denken, bereits tiefgreifend verändert. Das Buch hat die Entstehung, Entwicklung und Potenziale von Bitcoin und der Blockchain-Technologie beleuchtet und dargelegt, wie diese Technologien neue Chancen eröffnen und bestehende Paradigmen herausfordern.

Bitcoin wurde als Reaktion auf die Finanzkrise 2008 geboren und hat seitdem sowohl enthusiastische Anhänger als auch skeptische Kritiker angezogen. Die Dezentralisierung, die durch die Blockchain-Technologie ermöglicht wird, hat das Potenzial, das Vertrauen in Institutionen zu ersetzen, indem sie Transparenz und Nachvollziehbarkeit gewährleistet. Dies wurde im Buch durch die Untersuchung des Konzepts des Vertrauens und des Ursprungs des Wertes bei Bitcoin veranschaulicht.

Die Rolle von Bitcoin als Zahlungsmittel wurde ebenfalls diskutiert, wobei sowohl die Vorteile als auch die Herausforderungen dargestellt wurden. Es wurde gezeigt, wie Bitcoin das Potenzial hat, die Art und Weise, wie wir Transaktionen durchführen und denken, zu verändern, insbesondere im Hinblick auf grenzüberschreitende Überweisungen und die finanzielle Inklusion. Gleichzeitig wurden auch die technischen und regulatorischen Herausforderungen beleuchtet, die mit der Implementierung von Bitcoin-Zahlungen in Online-Shops verbunden sind.

Darüber hinaus wurde auf die Auswirkungen von Bitcoin-Forks eingegangen und die Unterschiede zwischen verschiedenen

Bitcoin-Forks wie Bitcoin Cash und Bitcoin SV analysiert. Dies veranschaulichte die Flexibilität und Anpassungsfähigkeit der Blockchain-Technologie sowie die Tatsache, dass die Bitcoin-Community aus einer Vielzahl von Akteuren besteht, die jeweils ihre eigenen Ziele und Vorstellungen haben.

Das Buch betonte auch die Bedeutung von Analysetools und der Identifizierung von Netzwerkmustern für das Verständnis der Bitcoin-Blockchain. Die Möglichkeit, Transaktionen auf der Bitcoin-Blockchain zu verfolgen und zu analysieren, kann für Investoren und Forscher gleichermaßen wertvolle Einblicke bieten. Gleichzeitig wurde die Anwendung von Behavioral Finance auf Bitcoin-Investitionen untersucht, um die psychologischen Phänomene zu beleuchten, die das Investitionsverhalten beeinflussen können.

Schließlich wurde ein Ausblick auf die Zukunft von Bitcoin und die nächste Generation der Blockchain gegeben. Es wurde argumentiert, dass Bitcoin und die Blockchain-Technologie wahrscheinlich weiterhin eine wichtige Rolle in der Weltwirtschaft spielen und sowohl positive als auch disruptive Auswirkungen auf verschiedene Sektoren und Aspekte der Gesellschaft haben werden.

In diesem Buch wurden viele Facetten von Bitcoin und der Blockchain-Technologie beleuchtet. Es wurde gezeigt, dass Bitcoin nicht nur eine Währung oder ein Asset ist, sondern auch ein mächtiges Werkzeug für Veränderungen, das neue Möglichkeiten eröffnet und etablierte Normen herausfordert. Gleichzeitig wurden auch die Herausforderungen und Unsicherheiten, die mit der Verbreitung von Bitcoin und der Blockchain-Technologie verbunden sind, nicht verschwiegen. Während die Reise von Bitcoin noch lange nicht zu Ende ist, hat sie uns bereits gezeigt, dass die Grenzen dessen, was möglich ist, ständig erweitert werden können, und dass die Zukunft voller überraschender Wendungen und Entdeckungen sein wird. Es bleibt also spannend, was uns Bitcoin und die Blockchain-Technologie noch alles bieten werden.

<u>Impressum</u>
Stefan Poloczek
Auf der Paint 5a
90455 Nürnberg
ISBN: Independently Published
© 2023 Stefan Poloczek

www.ingramcontent.com/pod-product-compliance
Lightning Source LLC
Chambersburg PA
CBHW052155220526
45471CB00004B/1682